T0015833

Especialmente para:

....

De:

....

El día:

....

Descubre a Dios
en los momentos cotidianos

*180 devocionales
para la mujer*

Janet Rockey

BARBOUR
ESPAÑOL
Un Sello de Barbour Publishing

Descubre a Dios en los momentos cotidianos: 180 devocionales para la mujer

© 2015 por Barbour Español

ISBN: 978-1-63609-466-3

Título en inglés: *Discovering God in Everyday Moments* © 2015 por Barbour Publishing, Inc.

Desarrollo editorial: *Semantics*,
semantics01@comcast.net

Publicado por Barbour Español, un sello de Barbour Publishing, 1810 Barbour Drive, Uhrichsville, Ohio 44683, www.barbourbooks.com

Nuestra misión es inspirar al mundo con el mensaje transformador de la Biblia.

Member of the
Evangelical Christian
Publishers Association

Impreso en China.

Introducción

Las bendiciones llegan cuando menos las esperamos. En una reciente oración, mencioné mi deseo de aprender más sobre la Palabra de Dios. Quería estudiar minuciosamente las Escrituras para entender la base de cada uno de los sesenta y seis libros. Pero un trabajo a tiempo completo, atender a la familia y terminar de escribir una novela me dejaban muy poco tiempo para emprender el estudio en profundidad que deseaba hacer; así que terminé relegando mis metas de aprendizaje de la Biblia a un plano secundario junto con otras cosas para hacer «algún día».

Pero el Señor sacó este plan de donde yo lo tenía, lo puso de primero junto a las cosas importantes y subió el calor. Vean cómo ocurrieron las cosas:

El editor de Barbour Publishers me pidió que ayudara en su proyecto *Oraciones para un corazón fiel*. Acepté el reto y me puse a estudiar Efesios, lo que resultó en algo así como la preparación para las bendiciones que Dios tenía para mí. Cuando iba en la oración número trece, me pidió que escribiera este devocional… usando los sesenta y seis libros de la Biblia. He estudiado cada libro minuciosamente para asegurarme de que mis momentos de cada día estuvieran de acuerdo con el contexto de los versículos seleccionados.

Dios respondió mi oración con un *plus*, porque no solo me concedió esta oportunidad de profundizar en su Palabra, sino que puedo compartir con usted lo que he aprendido.

Él sin duda que está en los momentos de cada día.

Descubra a Dios en la música

DÚO DE VIOLINES

Alábenlo con panderos y danzas, alábenlo con cuerdas y flautas, alábenlo con címbalos sonoros, alábenlo con címbalos resonantes. ¡Que todo lo que respira alabe al Señor!
SALMOS 150.4-6, NVI

Con sus veintiún años de edad, Grace subió a la plataforma y se paró junto a David, su hermano menor. Con delicadeza y en forma simultánea ambos alzaron sus violines hasta ubicarlos bajo la barbilla. Pulsando las cuerdas con sus dedos y con la ayuda del arco extrajeron de sus instrumentos melodías encantadoras. El vibrato producido por sus muñecas era de la intensidad exacta para el himno tradicional que interpretaban. Con cada movimiento del arco sobre las cuerdas, una dulce melodía se elevaba al cielo, llevando con ella mis propias preocupaciones.

Vez tras vez, Salmos nos dice que alabemos al Señor con instrumentos musicales. Otro joven, de nombre David, cuyo trabajo era cuidar las ovejas de su padre, acostumbraba tranquilizar el alma torturada del rey Saúl con las dulces melodías que extraía de su arpa. Cada vez que tocaba su instrumento, los malos espíritus huían llevándose con ellos la angustia del rey.

El Señor concedió un talento maravilloso a estos hermanos violinistas. Igual que el pastorcillo David, su práctica diaria lleva bendición a otros. A medida que los instrumentos de cuerda calman nuestras almas, alabamos a Dios por la bendición de su música transformadora.

TROMPETAS

Dios ascendió con un grito poderoso; el Señor
ha ascendido al estruendo de las trompetas.
SALMOS 47.5, NTV

———◆◆◆———

Las trompetas sonaron con absoluta nitidez. Tejiendo un tapiz de tonos majestuosos que inundaron el santuario, el organista de nuestra iglesia nos hizo oír las notas dramáticas de «El trompeta voluntario» de Jeremiah Clarke. Capaz de imitar otros instrumentos musicales, el órgano digital produjo una sinfonía plena de cuerdas, cañas y percusión para dar vida a esta composición celestial.

Clarke compuso «El trompeta voluntario» en 1700 para la Reina Ana de Inglaterra y su esposo. A partir de entonces muchas novias, incluyendo a la Princesa Diana, se han dirigido al altar a los sones de esta pieza clásica. La explosión musical de las trompetas seguidas por la melodía central da origen a una obra digna de la realeza.

El Dios todopoderoso es el Rey exaltado que asciende a los cielos para ocupar su trono de santidad. Pero Él nos amó lo suficiente como para descender a la tierra desde su morada celestial y nacer en el hombre perfecto, Jesús, quien murió y resucitó de entre los muertos y ascendió, abriéndonos un camino expedito para llegar a nuestro Padre celestial.

Cada vez que el organista de nuestra iglesia interpreta «El trompeta voluntario» mi corazón se eleva de alegría y agradezco al Señor por el anticipo del anuncio de la trompeta del inminente regreso de Cristo.

UNA CANCIÓN EN EL CORAZÓN

Anímense unos a otros con salmos, himnos y canciones
espirituales. Canten y alaben al Señor con el corazón.
EFESIOS 5.19, NVI

───◆◆◆───

El apóstol Pablo alentó a los nuevos creyentes de Éfeso a
que honraran al Señor con sus canciones.

¿Cómo se forma una canción? Una combinación
de notas musicales produce la melodía. Las palabras
comunican el mensaje y cuando todo eso se pone junto, se
tiene una canción.

Pero en una canción hay más que solo letra y melodía.
Aunque estos elementos son necesarios, una canción debe
tener ritmo. El ritmo, en realidad, es el latido del corazón
de la canción. Sin el *tempo* metódico, la música se tambalea
y se cae. El ritmo pulsa la esencia de la canción mediante
su escala musical de la misma manera que nuestro corazón
bombea sangre a través de las venas.

El corazón necesita ritmo que le dé tiempo para
descansar entre las contracciones. Sin estas pausas, se
desgasta y muere. La música sin pausas hace la letra plana,
vacía y sin vida.

Al darnos el ritmo para nuestra música y para nuestras
vidas, Dios ha puesto su canción en nuestros corazones.
Que nuestra música retorne a Él con una riqueza que
honre a nuestro Creador.

Descubra a Dios en las actividades de esparcimiento

DESCANSO Y REGENERACIÓN

Por tanto, queda un reposo para el pueblo de Dios.
Porque el que ha entrado en su reposo, también ha
reposado de sus obras, como Dios de las suyas.
HEBREOS 4.9-10, RVR 1960

En el mundo de hoy no hay descanso. Nuestra sociedad impone un ritmo 24/7 y todo se hace corriendo. El lema de la cultura actual pareciera ser «si te duermes, pierdes».

Pero Dios quiere que descansemos. Darnos un tiempo de relajación nos permite recuperar fuerzas. Al superar la barrera del agotamiento y de la fatiga, nuestra visión objetiva, las soluciones lógicas y las ideas creativas volverán a fluir libremente a través de nosotros.

Lo mismo es verdad espiritualmente. Dios estableció esta norma después de seis días de creación. Él nos llama a descansar en su obra terminada a nuestro favor. Nuestros esfuerzos de trabajar para nuestra salvación prueban ser tan inútiles como el delantal de hojas de higuera que se hizo Adán. El Señor nos invita a descansar en su promesa mediante una completa dependencia de Él.

Cuando pongamos nuestros pies sobre un taburete después de un largo día de trabajo recordemos que también debemos descansar de nuestros esfuerzos para probar que somos dignos del cielo.

A través de la obra terminada de Jesús en la cruz, tenemos la oportunidad de entrar en el reposo de Dios.

LEER

¿Cómo puede el joven llevar una vida íntegra?
Viviendo conforme a tu palabra.
SALMOS 119.9, NVI

———— ◆◆◆ ————

Misterios, suspense, historias de amor nos entretienen con personajes famosos en extrañas circunstancias. Libros sobre hágalo-usted-mismo y otros de no ficción nos educan en asuntos como la política, la salud y otras culturas. Las antologías son también bastante populares con sus historias breves para lectores apurados.

De todos los libros que tengo en mi biblioteca, el favorito es uno lleno con historias reales sobre reinos, viajes, guerras y amor. Con sesenta y seis libros cortos que forman el grande, alguien no acostumbrado a leerlo podría clasificarlo como una antología. Pero todos los libros están unidos por una historia. Comienza con la creación de un mundo perfecto, sigue con la caída del hombre y finaliza victoriosamente con la restauración de todo.

La Biblia es un libro de instrucciones sobre la vida y la moral, bueno para educarnos en asuntos de política, de salud y sobre la cultura en el Medio Oriente. También es un libro de misterio, dándonos algunas pistas sobre lo que nos depara el futuro. Es un libro de suspense en que vez tras vez el bien triunfa sobre el mal. La historia de amor se puede ver desde el comienzo hasta el final cuando Dios dice cuán preciosos somos para Él. Él quiere que seamos puros. ¿Cómo podemos conseguirlo? La respuesta se encuentra en la Palabra de Dios.

FOGATAS

Sadrac, Mesac y Abednego le respondieron a Nabucodonosor:
¡No hace falta que nos defendamos ante Su Majestad! Si
se nos arroja al horno en llamas, el Dios al que servimos
puede librarnos del horno y de las manos de Su Majestad.
DANIEL 3.16-17, NVI

En las noches frías, nos gusta disfrutar una buena fogata.
Tostamos malvaviscos o salchichas mientras platicamos
con nuestros amigos. Mientras el fuego nos calienta por
el frente, las espaldas permanecen frías; por eso, cada unos
pocos minutos nos volvemos para que también la espalda
reciba el calor. Este efecto no era posible en el caso del
horno de fuego que el rey Nabucodonosor usaba como
castigo.

Sadrac, Mesac y Abednego creían que Dios podría
salvarlos. Pero si no los salvaba, preferían morir a
comprometer su fe. En cualesquiera de los dos casos, Dios
los libraría. Su ferviente amor por el Señor y su milagrosa
liberación enterneció el corazón de Nabucodonosor
transformándolo en un creyente.

La próxima vez que nos calentemos frente a una buena
fogata, pensemos en estos tres jóvenes, cuya devoción a
Dios los libró de los fuegos de la muerte. ¿Cómo pueden
nuestras acciones y actitudes demostrar la misma fe para
cambiar la mentalidad de los no creyentes?

CUBRECAMAS

Y todo aquel que invocare el nombre de Jehová
será salvo; porque en el monte de Sion y en
Jerusalén habrá salvación, como ha dicho Jehová,
y entre el remanente al cual él habrá llamado.

JOEL 2.32, RVR 1960

Todavía conservo el cubrecama que hizo mi abuela hace más de cuarenta años con pedazos de mi ropa y utilizando el diseño de un anillo de bodas. Bastante desgastada por el paso del tiempo, sigue manteniéndome temperada durante las frías noches de invierno. Sin embargo, el calor de este cubrecama no es comparable con los recuerdos que conservo de la abuela Maríabella. Ella ahora está con el Señor pero su cubrecama la sobrevive como un recuerdo de su amor.

En una forma parecida, el Señor separó un remanente de su pueblo cuando Israel fue llevado cautivo al exilio. Esos pocos fieles se mantuvieron obedeciendo sus leyes y rehusaron adorar a los dioses falsos que otros adoraban.

Dios ha prometido que en los últimos días, Él liberará a otro remanente fiel; un pueblo separado por su fe inquebrantable. Si fuera a hacer un cubrecama con este remanente, tal vez usaría como diseño el anillo de bodas. ¡Qué hermoso tributo a su amor eterno!

REMIENDO

Por eso pues, ahora, dice Jehová, convertíos a mí con
todo vuestro corazón, con ayuno y lloro y lamento.
Rasgad vuestro corazón, y no vuestros vestidos.
JOEL 2.12-13, RVR 1960

Nuestro traje favorito tiene una rotura. ¡Qué frustración!
Buscamos el hilo más parecido al del tejido y luego la
aguja apropiada. Si la tela está demasiado gastada como
para resistir un hilo nuevo, podemos usar un parche
adhesivo especial. El parche puede ocultar la rotura por
un tiempo pero el vestido nunca volverá a ser lo fuerte
que fue. Remendar ropa dañada es más fácil que sanar un
corazón herido.

Para los antiguos israelitas, rasgar sus vestiduras
indicaba un pesar profundo. El Señor les pidió rendir sus
corazones con lo cual podrían demostrar el más profundo
remordimiento lo cual incluía ayunar, llorar y lamentarse.

Incluso hoy día, cuando nos desviamos de la senda de
la justicia de Dios, todo lo que nos pide es que retornemos
a Él con un corazón, mente y alma contritos. Su inmenso
amor hace más que remendar un corazón roto por el pesar.
Su misericordia lo restaura de tal manera que lo deja como
era antes. Somos suyos, emparchados y remendados por su
gran amor hacia nosotros.

LA PINTURA DE UN ARTISTA

Pues el Señor es quien formó las montañas, agita
los vientos y da a conocer sus pensamientos a la
humanidad. Él convierte la luz del amanecer en
oscuridad y marcha sobre las alturas de la tierra. ¡El
Señor Dios de los Ejércitos Celestiales es su nombre!
Amós 4.13, ntv

Las pinturas originales de artistas reconocidos son costosas, pero las copias tienen una fracción de su costo.

La sola firma de un artista eleva dramáticamente el valor de un cuadro. Las galerías de arte emplean a expertos para reconocer las falsificaciones. Estos profesionales son personas entrenadas para conocer las técnicas de cada artista incluyendo los trazos de las firmas.

La obra de Dios no contiene falsificaciones ni copias. Él ha pintado montañas majestuosas con ciruelas y marrones cubriéndolas luego con nieve del blanco más puro. Trazos de rojo, amarillo y violeta simulan los dedos de una puesta de sol. Tonos mezclados de oro y verde cubren como un manto la tierra. Roció los prados con flores de color rojo brillante y suave lavanda. Puso a los océanos un azul profundo y a los mares un delicado color turquesa. Pequeñas luces parpadean en el negro intenso del cielo nocturno.

Observa la creación de Dios. He ahí su arte. Ha ilustrado su omnipotencia como una pintura y ha puesto su firma en ella.

CAMPAMENTOS

Y Moisés tomó el tabernáculo, y lo levantó lejos,
fuera del campamento, y lo llamó el Tabernáculo
de Reunión. Y cualquiera que buscaba a
Jehová, salía al tabernáculo de reunión.
ÉXODO 33.7, RVR 1960

Los consejeros de los campamentos supervisan grandes
grupos de niños de entre seis y dieciocho años de edad.
Entretienen a los más pequeñitos contándoles historias,
jugando y cantando con ellos. Protegerlos de animales
salvajes, de picaduras de insectos y de plantas venenosas
cae también bajo su descripción de trabajo.

Un campamentista puede venir a ellos con una rodilla
magullada, el ego herido o el corazón roto. Los consejeros
deben estar listos para una curación y vendaje, para decir
una palabra amable o brindar un abrazo espiritual. Como
líderes, los consejeros, hombres y mujeres, tienen la
oportunidad de ser el Moisés del campamento.

Moisés guió a los israelitas en el desierto siguiendo
las instrucciones del Señor. Ellos no esperaban que los
entretuviera o vendara sus heridas, sino que consultara con
Dios a favor de ellos.

Aunque los consejeros pasan solo unas cuantas
semanas con los niños en los campamentos, aun así tienen
la oportunidad de guiarlos en los caminos del Señor.
Como Moisés, arman sus tiendas en el desierto y esperan
por el consejo de Dios.

EXCURSIÓN

*El Señor omnipotente es mi fuerza; da a mis pies la
ligereza de una gacela y me hace caminar por las alturas.*
HABACUC 3.19, NVI

Excursionistas experimentados se aventuran por senderos
rocosos y vericuetos enmarañados de alguna montaña
con una vegetación exuberante. Se guían por lo que ven y
lo que oyen en el ambiente natural que los rodea. No los
asustan ni los impresionantes acantilados ni los obstáculos
que encuentran a su paso. Avanzan con pie seguro, como
lo haría un alce.

Dios creó al alce con una clase especial de pezuña. Sin
la menor muestra de temer desbarrancarse, este animal de
estilizada figura corre a altas velocidades, brincando sobre
rocas y riscos para escapar del peligro.

Ante la invasión inminente de los caldeos, el profeta
Habacuc clamó a Dios por ayuda. Le dijo que se acordara
de su misericordia en medio de su ira contra los israelitas.

Nuestro Padre celestial nos libra del temor del peligro
en la medida que vamos subiendo por el accidentado
terreno de nuestras vidas. Si ponemos nuestra confianza
en Él, podremos transitar por senderos de incertidumbre
confiando que nos da el paso seguro de un alce. En la
comodidad o en la angustia, Él está con nosotros. Y si
trastabillamos, Él nos sostendrá con su fuerza.

PESCA EN ALTA MAR

Y les dijo: Venid en pos de mí, y os
haré pescadores de hombres.
MATEO 4.19, RVR 1960

———◆———

«El que se me escapó» es una de las historias favoritas
de los pescadores de alta mar. Lo interesante es que con
cada vez que la cuentan, el tamaño del pez crece varios
centímetros. El fin de la historia pudo haber sido feliz para
el pez que se tragó la carnada pero no el anzuelo pero no
lo es cuando alguien se nos escapa cuando le compartimos
el Evangelio de Jesucristo.

Jesús llamó a su ministerio a Simón Pedro y a su
hermano Andrés porque ellos sabían cómo pescar peces y
les enseñó la forma de reorientar sus talentos para, en lugar
de peces, pescar personas. La respuesta instantánea de
ellos quedó en evidencia cuando sin dudar, abandonaron
sus redes para seguirlo. De los muchos discípulos que
siguieron a Jesús, estos hermanos estaban entre los doce
que Él escogió para que fueran sus apóstoles.

Ellos nos dejaron un estándar bastante alto. Pongamos
el cebo del amor de Cristo en nuestros anzuelos y
pesquemos nuevos creyentes para el Reino de Dios.
Todavía hay muchos peces en el mar. ¡Que no se nos
escape ninguno!

ECHAR LA RED

Respondiendo Simón, le dijo: Maestro, toda la noche
hemos estado trabajando, y nada hemos pescado;
mas en tu palabra echaré la red. Y habiéndolo hecho,
encerraron gran cantidad de peces, y su red se rompía.
LUCAS 5.5-6, RVR 1960

Vi a un pescador echar la red y luego sacarla vacía. Eso me hizo pensar en mis propios intentos fallidos para enfrentar con éxito algún desafío.

¡Cuán frecuentemente repetimos nuestros esfuerzos infructuosos antes de ir al Señor! ¿Por qué seguimos echando la red cuando siempre vuelve vacía?

Simón Pedro había trabajado toda la noche y no había pescado nada. Cuando Jesús le dijo que se dirigiera a aguas profundas, Pedro sabía que las condiciones para una buena pesca no estaban allí. Pero le creyó y, a pesar de su cansancio y frustración, le hizo caso al Señor. El resultado fue una pesca tan grande que el bote estuvo a punto de hundirse.

La solución del Señor requiere de perseverancia. Podemos poner en duda la lógica de sus órdenes pero Él es el creador de toda sabiduría. Si confiamos en Él y le obedecemos llenará nuestras redes con sus promesas.

SEPARE LA FECHA

Pero no olviden, queridos hermanos, que para el Señor
un día es como mil años, y mil años como un día.
2 PEDRO 3.8, NVI

Separar la fecha es una nueva tradición popular. Cuando
marcamos el calendario para una próxima actividad
feliz, los días se hacen largos. Es como si tuviéramos que
esperar que pasen mil años antes que llegue el momento
de disfrutar el ansiado acontecimiento. Por fin el día llega
pero se va en un abrir y cerrar de ojos. Hay que barrer el
confeti, el arroz de la novia y volver todo a la normalidad
para seguir con nuestra vida de todos los días.

Han pasado dos mil años desde que Pedro escribió
sobre el anhelado regreso de Cristo. Pero en el calendario
del cielo no es más que un día o quizás dos. No nos resulta
fácil comprender el calendario de Dios. Lo infinito es un
misterio para nosotros. Aunque Él vive en la eternidad,
creó para nosotros el tiempo en la forma que lo vivimos.

En el contexto de lo dicho, no podemos separar la
fecha del regreso de Cristo porque nadie, solo Dios, sabe
cuándo ocurrirá. A diferencia de las ocasiones felices
que anticipamos en nuestros propios calendarios, este
acontecimiento glorioso llegará pero no se irá como un
relámpago. Estaremos disfrutando la compañía del Rey de
reyes por toda la eternidad. Jesús ha separado la fecha para
nosotros.

NUESTRA HERENCIA ESPIRITUAL

Palabra del Señor que vino a Sofonías hijo de Cusi,
hijo de Gedalías, hijo de Amarías, hijo de Ezequías,
en días de Josías hijo de Amón, rey de Judá.
SOFONÍAS 1.1, RVR 1960

Hubo una época en que me interesé por revisar los viejos y enmohecidos registros genealógicos de mi familia. Me encontré con un verdadero tesoro sobre mi padre cuando fue piloto de guerra de la Segunda Guerra Mundial; con un certificado de matrimonio de mis bisabuelos que me hablaba de una fuga romántica; y con una foto amarillenta que mostraba la mirada de un niño en un rostro que tenía el sello inconfundible de la familia.

Las genealogías bíblicas hablan de la importancia del linaje familiar del pueblo de Dios. La forma en que Sofonías comienza su libro muestra que era un descendiente de Ezequías, un rey bueno.

Anuncios en la internet nos incitan a descubrir nuestras raíces a través de seguir la línea de nuestros ancestros. ¿Pero qué pasa con nuestra ascendencia espiritual? Una herencia espiritual no siempre se halla a través de una línea de sangre de la familia. ¿Quién nos habló del amor de Cristo? ¿Quién le habló a esa persona?

Podemos dar gracias a Dios por un amigo, un miembro de la familia, un extraño con quien nos encontramos en la calle y que nos habló del amor de Dios en Cristo Jesús. Quizás alguien oró por nosotros cuando estábamos perdidos. Y es posible que un día, un creyente dé gracias a Dios porque nosotros hicimos lo mismo por él, ayudándole a descubrir su herencia espiritual.

MEMORIAS

Los que temían al Señor hablaron entre sí, y él los escuchó y les prestó atención. Entonces se escribió en su presencia un libro de memorias de aquellos que temen al Señor y honran su nombre.
MALAQUÍAS 3.16, NVI

Coleccionar recuerdos en álbumes ha llegado a ser una forma de arte. Recortamos fotos o escritos de documentos que no nos interesa conservar completos y luego los acondicionamos para integrarlos en un libro de memorias. Decoramos cada página con calcomanías apropiadas. Una imagen puede valer por mil palabras pero las fotos conservadas en diarios personales mantienen frescos los recuerdos.

Malaquías no necesitaba fotos de los fieles para poner en álbumes. Dios sabía quiénes eran. Y los valoraba como un tesoro especial porque le temían y tenían su nombre en muy alta estima.

Dios ha eliminado todas nuestras transgresiones y nos ha enmarcado para que quepamos en una bella página de su libro de memorias. Y le ha puesto un título que dice: «Estos son míos y yo los perdonaré».

MÁQUINAS EXPENDEDORAS

Obviamente, la promesa que Dios hizo de toda la tierra a Abraham y a sus descendientes no se basaba en la obediencia de Abraham a la ley sino en una relación correcta con Dios, la cual viene por la fe.
ROMANOS 4.13, NTV

Insertamos una moneda en una máquina expendedora, presionamos una tecla y esperamos que lo que hemos comprado caiga en la bandeja. Tristemente, algunas personas piensan que las bendiciones de Dios llegan de la misma forma. Si ponen un poco de obediencia esperan una pizca de bendición.

Pero Dios derrama sus bendiciones por nuestra fe en Él. Él quiere nuestros corazones más que un acto de obediencia sin contenido.

Abraham no flaqueó en su fe. Cuando Dios le dijo que iba a tener un hijo en su vejez, creyó. Mientras anduvo por la tierra que Dios le había prometido, no dejó de confiar en Él. Nunca esperó que Dios cumpliera con las bendiciones prometidas a cambio de su obediencia.

Nosotros somos hijos de Dios y herederos de la promesa de bendiciones por nuestra fe en Él. Como cristianos, no se nos ha prometido tierras como ocurrió con Abraham. Tenemos, en cambio, la promesa de una eternidad con Él.

Descubra a Dios en los tribunales de justicia

CUMPLIR LA LEY

Pero sabemos que la ley es buena,
si uno la usa legítimamente.
1 TIMOTEO 1.8, RVR 1960

Nuestro sistema judicial hace cumplir las leyes que nuestras autoridades de gobierno promulgan. Mientras que las leyes civiles fueron dictadas para mantener el orden, las leyes de Dios nos recuerdan que somos imperfectos. Cuando vamos a la corte a pagar una multa o a defendernos por alguna falta cometida, estamos admitiendo nuestra condición de infractores.

El apóstol Pablo amonestó a Timoteo en el sentido que se cuidara de los falsos maestros en Éfeso quienes pervertían la enseñanza de Cristo Jesús. Estos falsos maestros torcían su sentido correcto para justificar sus propias debilidades.

Torcer los estatutos con interpretaciones vagas debilita su protección sobre nosotros. Si alteramos los mandamientos de Dios para beneficio de nuestros propios placeres, igual como los falsos maestros, estamos socavando sus cimientos. Confundimos a los nuevos creyentes y alimentamos la especulación de los incrédulos.

Si tenemos que presentarnos en una corte, cuidémonos de no abusar de la ley civil con una defensa poco seria para evitar el castigo. Al aceptar nuestra responsabilidad por lo que hemos hecho estamos demostrando obediencia a Dios. Nuestra evidencia de la justicia de Dios en los tribunales prueba que la ley es buena si la usamos correctamente.

Descubra a Dios en el cuidado de sus mascotas

EL RONRONEO DE LA ALEGRÍA

He aprendido el secreto de vivir en cualquier situación,
sea con el estómago lleno o vacío, con mucho o con poco.
FILIPENSES 4.12, NTV

Los médicos están de acuerdo en que acariciar un gato que ronronea tiene un efecto calmante en los pacientes. Reduce la presión arterial alta.

Los gatos tienen la extraña habilidad de hacer de cualquier sitio inconfortable algo tan cómodo como un cojín de terciopelo.

Retuercen sus cuerpos hasta adquirir posiciones que desconcertarían a un fabricante de rosquillas, se acomodan dentro de una caja cualquiera y se ponen a ronronear.

Parecen saber que la verdadera alegría no depende de condiciones externas. Hasta un gato feliz va a pedir que se le alimente a la hora de la comida.

En su carta a los filipenses, Pablo explica que las pruebas no son una señal del descontento de Dios. Las dificultades nos enseñan a confiar completamente en su provisión. Por otra parte, no podemos reclamar su aprobación cuando nos va bien porque el éxito puede llegar a extraviarnos.

La Palabra de Dios nos revela el secreto de estar satisfechos en cualquier circunstancia. Si buscamos su voluntad, Él nos fortalecerá en cada situación. Esta genuina satisfacción es mucho mejor que un gato ronroneando.

LA GATITA CHESSIE

Vivirás tranquilo, porque hay esperanza;
estarás protegido y dormirás confiado.
JOB 11.18, NVI

El grabado de una gatita durmiendo plácidamente bajo un cobertor llamó la atención de los funcionarios del ferrocarril de Chesapeake. Le pusieron por nombre Chessie, tomaron este versículo de Job y la transformaron en el símbolo de la suavidad de un viaje en su ferrocarril comparado con otros trenes de pasajeros. De no haber sido por las circunstancias turbulentas que tuvo que vivir Job no habrían podido usar este versículo como slogan.

Ante las pérdidas tan trágicas sufridas por Job, sus amigos no dudaron en acusarlo de que Dios lo estaba castigando con tales catástrofes. Y le ofrecieron la esperanza de un descanso sin perturbaciones si se arrepentía. Pero no solo estaban equivocados en el análisis que hicieron de la situación sino que no estaban en condiciones de hacer tal promesa. Solo Dios puede dar esa seguridad.

Job era un hombre íntegro, devoto hacia su Creador. Incluso cuando su esposa le sugirió que maldijera a Dios, mantuvo su fe en Él. Finalmente, Dios lo reivindicó, dándole el descanso largamente deseado.

Nosotros podemos acurrucarnos bajo el mando de Dios como lo hizo Chessie con el cobertor y confiar en su promesa de descanso seguro. Nuestro camino no siempre va a ser fácil ni suave, pero estará lleno de esperanza y vacío de preocupación.

AMOR DE CACHORRO

Bendito el hombre que confía en el Señor,
y pone su confianza en él.
JEREMÍAS 17.7, NVI

Confianza y adoración fluyen de los ojos de un cachorro
mientras mira a su amo. El perro joven confía en el
hombre para su comida, vivienda y amor. Él no puede ir
al supermercado y comprar una bolsa de comida. Y si no
fuera por la casa de su amo, estaría metido en una jaula en
una perrera o, peor aún, deambulando sin rumbo por las
calles.

Jeremías advirtió al pueblo de Judá no confiar en
su propia fuerza imperfecta. Poner su fe en el hombre
pavimentó el camino para abandonar al Señor trayendo
sobre ellos la maldición de una tierra dañada por la sequía.
Quienes se mantuvieron fieles sirviendo al Señor con amor
y adoración alcanzaron la promesa de bendiciones de Dios.

¿Miramos al Señor con el mismo sentido de adoración
con que el cachorro mira a su amo? Nosotros también
tenemos que aprender a no depender de nosotros mismos
sino de nuestro Señor. Dios nos provee de todo lo que
tenemos o llegaremos a tener, incluyendo las provisiones
que necesitamos para alimentar y dar un techo a nuestras
mascotas que confían en nosotros.

Descubra a Dios en los vehículos

BARRICADAS

El camino del perezoso está obstruido por espinas,
pero la senda de los íntegros es una carretera despejada.
PROVERBIOS 15.19, NTV

———◆◆◆———

¿Por qué será que siempre pareciera producirse un embotellamiento en el carril por el que vamos? Otros conductores pasan velozmente junto a nosotros mientras esperamos pacientemente poder seguir adelante. De pronto, el conductor de un camión decide bloquear el carril al lado del nuestro. Nadie se opone. Porque con esa maniobra se desbloquea nuestro carril y, de nuevo, el tráfico fluye a un ritmo normal.

Los incrédulos parecen disfrutar bloqueándonos el camino. Saben qué tecla presionar para hacernos tropezar en nuestro caminar cristiano. Deliberadamente nos exasperan para hacernos reaccionar en forma negativa. Pero nosotros, cuando nos bloquean el camino podemos esperar pacientemente que el Señor venga en nuestra ayuda. Él nos mostrará cómo ser ese conductor de camión que termina con el embotellamiento. Y a su tiempo, Él mismo bloqueará el camino de ellos con una valla de espinos y mantendrá nuestro carril despejado.

SOBRECALENTAMIENTO

Mi copa está rebosando.
SALMOS 23.5, RVR 1960

<hr>

La aguja indicadora de temperatura se mueve peligrosamente hacia la H roja, lo que significa que hay que parar de inmediato y salir de la carretera, apagar el motor y esperar. Sea que pidamos ayuda o busquemos por nosotros mismos la causa, quedará de manifiesto que el problema es el agua. Si no hay suficiente agua en el radiador, la presión subirá y lo próximo será que el motor se funda. Antes de abrir la tapa del radiador tendremos que esperar hasta que el agua deje de hervir; de lo contrario, la fuerza del agua caliente al salir podría provocarnos serias quemaduras.

Sin el agua viva que Jesús ofrece, nosotros también podemos sobrecalentarnos. Cuando abordamos las demandas de nuestro trabajo, de la familia u otros asuntos, nuestra presión aumenta. Cuando alguien, intencionalmente o no acciona nuestra válvula, podemos explotar con ira.

Así como es prudente estar comprobando con frecuencia el nivel de los fluidos en el motor de nuestro automóvil, mantener nuestros niveles espirituales es aun más importante. Jesús quiere que le entreguemos nuestras cargas. Si canjeamos nuestros problemas por su paz, nuestras copas rebosarán con agua viva en lugar de explotar en un arranque de rabia difícil de controlar.

EL REVENTÓN

Y sucedió un día, al caer la tarde, que se levantó
David de su lecho y se paseaba sobre el terrado de
la casa real; y vio desde el terrado a una mujer que
se estaba bañando, la cual era muy hermosa.
2 SAMUEL 11.2, RVR 1960

El ruido que provoca el reventón de un neumático es
aterrador. Cuando tal accidente nos ocurre sacamos
rápidamente el automóvil del tráfico y, ya al lado de la
carretera, nos preguntamos qué pudo haber ocasionado
el daño. ¿Fue un clavo? Por lo general, un clavo provoca
una fuga lenta. Pero un objeto filoso puede hacer que un
neumático explote violentamente.

De la misma manera, el pecado se introduce en
nuestras vidas en forma subrepticia hasta que se produce
la explosión. El reventón espiritual del rey David comenzó
con un paseo al caer la tarde. Esto lo llevó a ver a una
mujer hermosa bañándose; y terminó en adulterio,
asesinato y muerte del hijo.

Cuando nos centramos en el Señor y en su Palabra,
mantenemos nuestra sensibilidad espiritual y nos
cuidamos de los obstáculos de tentación en el camino
de nuestras vidas. Nuestro Padre celestial nos ha dado la
seguridad de su misericordia. Él está con nosotros cuando
tenemos nuestros reventones, sea en un neumático o en la
vida.

NADIE ELIGE ENCONTRARSE EN UN ACCIDENTE

Si perdonas a los que pecan contra ti,
tu Padre celestial te perdonará a ti.
MATEO 6.14, NTV

Nadie elige encontrarse en un accidente automovilístico. Las inclemencias del tiempo como el hielo, la nieve o las tormentas crean condiciones peligrosas en la carretera, lo que hace difícil conducir. Una niebla espesa limita la visión tanto hacia adelante como atrás. ¿Y quién podría frenar bruscamente sin patinar en el pavimento mojado y resbaladizo?

Aun con buen tiempo, un pequeño error de juicio; una leve distracción o un resbalón del pie del pedal correspondiente pueden terminar en una colisión múltiple.

Cuando alguien nos choca por casualidad no deberíamos encolerizarnos. Seguramente el otro automóvil también sufrió daños. Dios quiere que mostremos misericordia con la persona que causó el accidente. Una respuesta gentil es reflejo del carácter de Dios. Él nos da la capacidad de perdonar porque Él perdonó nuestras transgresiones a través de Cristo Jesús.

Y cuando la culpa es nuestra debemos demostrar humildad al reconocer nuestra falta y pedir perdón. Aquellos que se encuentran por accidente deberían ver a Dios en nosotros a través de una situación potencialmente desagradable.

¿CUÁNTO FALTA
AÚN PARA LLEGAR?

He estado en muchos viajes muy largos.
Enfrenté peligros de ríos y de ladrones.
2 CORINTIOS 11.26, NTV

Los viajes largos por carretera crean viajeros cansados.
Hora tras hora vamos dejando atrás escenarios campestres
mientras tratamos de conservar el ritmo del tráfico
vehicular. Cuando nos detenemos para descansar o en una
estación de servicio para reabastecernos de combustible,
surge la pregunta: «¿Cuánto falta aún para llegar?»

En el relato que el apóstol Pablo hace a la iglesia
de Corinto sobre sus duros viajes describe las duras
circunstancias a las que se había visto sometido. Golpeado,
apedreado y en naufragio, su carga por los nuevos
creyentes era más grande que cualquiera de las difíciles
experiencias que tuvo que soportar. El futuro de estas
personas era más importante para él que todos los peligros
a que se vio enfrentado. Gracias a la constancia escrita
de su amor por los nuevos creyentes, podemos también
nosotros entrar en esta misma esperanza.

El cuenta kilómetros de nuestro automóvil nos dice
la cantidad de kilómetros que hemos recorrido. Pero
la Biblia nos habla de nuestro destino final. Si bien no
corremos desesperados por llegar allí, sabemos que el cielo
nos espera por la fe que hemos puesto en nuestro Señor
Jesucristo. Y cuando lleguemos, no vamos a preguntar:
«¿Cuánto falta aún para llegar?» sino que vamos a poder
contemplar la gloria radiante de Dios.

CARROS DE CARRERA

*Los carros de guerra corren con imprudencia por las
calles y salvajemente por las plazas; destellan como
antorchas y se mueven tan veloces como relámpagos.*
NAHUM 2.4, NTV

———❖———

Los coches de carrera pasan zumbando ante los ojos de
los espectadores. Los pilotos dibujan extrañas figuras en
la pista oval. Dan vueltas y vueltas sin ir a ninguna parte
pero lo hacen a las más altas velocidades que pueden
imprimirles a sus autos.

Todos hemos experimentado momentos similares en
nuestras vidas. Nos encontramos muchas veces dando
vueltas y vueltas sin hacer ningún tipo de progreso.
Tratamos de adelantar a la gente que nos rodea, incluso a
los que nos quieren ayudar. Pero la vida no es una carrera
de autos. Con frecuencia necesitamos detenernos para
tomar aliento y ver nuestras circunstancias con objetividad.
El maligno quiere que nos mantengamos siempre
corriendo a altas velocidades. Por él, es mejor que no
nos detengamos cuando necesitamos buscar al Señor en
momentos de necesidad.

Dios no nos va a poner a conducir carros de carrera
por las calles de Nínive para destruir a sus enemigos sino
que nos invita a detenernos para mantener la paz durante
aquellos momentos de necesidad que nos sobrecogen.
Podemos dejar de movernos en círculos y conducir
tranquilos en su camino recto y estrecho.

RUEDAS DE RIQUEZA

No se te ocurra pensar: «Esta riqueza es fruto de mi poder,
y de la fuerza de mis manos». Recuerda al Señor tu Dios,
porque es él quien te da el poder para producir esa riqueza.
DEUTERONOMIO 8.17-18, NVI

La limusina sigue siendo un símbolo de los ricos y
privilegiados. Embajadores de países extranjeros se
movilizan en estos vehículos de lujo, posiblemente por
protección contra posibles enemigos pero también para
poner en evidencia su estatus.

La fachada de las riquezas no impresiona al Señor pues
Él es el que provee los medios para lograr fortunas. Y Él
es también quien puede arrebatárselas a cualquiera. Él creó
todo lo que tenemos y todo le pertenece a Él.

Nosotros servimos como embajadores del reino de
Dios. Como creyentes en Cristo, tenemos un tesoro en el
amor permanente de Dios.

En el desierto, Moisés advirtió a los israelitas no
dejar que las riquezas se convirtieran en su ídolo cuando
entraran en la Tierra Prometida. Esa advertencia también
se aplica a nosotros en el día de hoy. En lugar de las
riquezas materiales, mejor busquemos las riquezas de Dios
en gloria. Como sus embajadores, tenemos la protección
de la inmunidad diplomática de Dios si no en esta vida
mortal, en el reino que está por venir. Podemos viajar
cómodamente en nuestro propio vehículo de lujo de su
seguridad y esperanza.

BASURA

Por tanto, nosotros también, teniendo en derredor
nuestro tan grande nube de testigos, despojémonos
de todo peso y del pecado que nos asedia.
HEBREOS 12.1, RVR 1960

Cada semana llenamos los contenedores de papeles
no deseados y basura y los sacamos de la casa para que
el camión recolector se los lleve. Con una regularidad
reconfortante, el camión llega resoplando antes de las seis
de la mañana y nos libera de esa carga.

Botar la basura es fácil, pero desprenderse de baratijas
inservibles no lo es. Tenemos algo que alguna vez
estuvo entero pero que ahora permanece roto en algún
cajón. ¿Vale la pena conservarlo y mandarlo a reparar?
Guardamos cosas que no nos son familiares, como un
regalo de Navidad, algo que nos mandaron para nuestro
cumpleaños. ¿Quién nos lo dio? ¿Nos deshacemos de él?

Librarnos de hábitos pecaminosos puede ser
perturbador. ¿Cómo hacer una limpieza de cosas
indeseadas que guardamos en la mente? Rutinas que nos
son tan cómodas son algo de lo más difícil de eliminar. Se
nos pegan como si tuvieran ventosas.

Nuestro Padre celestial nos da el valor y la fuerza para
desprendernos de todo lo que obstaculiza nuestra fe.

Cuando el camión de la basura pase resoplando,
acordémonos de pedirle al Señor que nos ayude a eliminar
todo aquello que no sirve. Solo Él se lo puede llevar.

Descubra a Dios en sus viajes

VIAJE EN TREN

Tengan, pues, cuidado de hacer lo que el Señor su Dios les ha mandado; no se desvíen ni a la derecha ni a la izquierda.
DEUTERONOMIO 5.32, NVI

Abordamos el tren. El conductor revisa nuestro boleto y comprueba nuestro destino para asegurarse que todo está bien. Bien montado en los rieles, el tren puede ir solamente hasta donde lo lleven los rieles. No puede desviarse. ¿No ocurre lo mismo en el camino al cielo?

La estación donde abordamos nuestro tren celestial es el fundamento de nuestra fe; ¿el lugar? Donde llegamos a creer en Jesús. Fue Él quien pagó por nuestro boleto y le puso el sello: «Pagado». Como el conductor, Jesús revisa nuestros boletos para asegurarse que estamos en el tren que lleva al cielo.

Los rieles representan al Espíritu Santo que es quien evita que el tren se desvíe a derecha o a izquierda. Nosotros, mientras tanto, tenemos que estar alerta para escuchar sus susurros, que son como los guardias del Espíritu Santo para evitar distracciones que terminen en descarrilamientos.

Así como Moisés recordó el fuego impresionante de Dios en Sinaí que ardía pero no se consumía, pensemos en el poder de este tren con el Dios Todopoderoso en el mando.

Destino final: el cielo.

ESE LEJANO AZUL
ESPLENDOROSO

Pero nosotros esperamos, según sus promesas,
cielos nuevos y tierra nueva, en los cuales mora la justicia.
2 PEDRO 3.13, RVR 1960

———

Algunos viajeros de avión prefieren los asientos junto a
la ventanilla para mirar el verde tapiz de la campiña y los
vehículos que corren por las carreteras. Otros prefieren
los pasillos porque así pueden estirar las piernas. La
persona en el asiento del centro no tiene ni vista ni espacio
lo cual no deja de ser ventajoso cuando el vuelo cae en
turbulencias.

Cuando se vuela en medio de una tormenta, por la
ventanilla se pueden ver las nubes sobre y debajo del avión.
Con el choque de masas de aire, la nave se mueve como un
jinete montando un animal encabritado. Aplaudimos a los
pilotos cuando se toca tierra sin ningún percance.

En los nuevos cielos no habrá vuelos afectados por
turbulencias. Al eliminar Dios lo pecaminoso que ha
corrompido su creación, todo lo hará de nuevo y perfecto.

Mirar hacia abajo el paisaje mientras vamos volando
nos debería hacer pensar y regocijarnos en todo lo que nos
espera en el futuro. La nueva tierra será aun más hermosa
que verla desde una altura de treinta mil pies.

UNA TRAVESÍA POR MAR

Descendió al puerto de Jope donde encontró un barco que partía para Tarsis. Compró un boleto, subió a bordo, y se embarcó rumbo a Tarsis con la esperanza de escapar del Señor.

JONÁS 1.3, NTV

Alguna vez en el pasado los cruceros no eran más que un medio de transporte. Hoy día son hoteles flotantes cuatro estrellas con alimentación exquisita y diversión las veinticuatro horas del día. Los puertos de embarque van desde los exóticos paraísos tropicales hasta las heladas regiones de Alaska. Los cruceros de hoy ofrecen vacaciones maravillosas donde se pueden satisfacer casi todos los caprichos del turista.

En cubierta de uno de estos cruceros, podemos holgazanear descansando cómodamente en una silla plegable, olvidándonos del trabajo de todos los días, de las tareas de la casa y de otras obligaciones. Pero la situación de Jonás cuando abordó un barco rumbo a Tarsis fue completamente diferente. El profeta estaba en plan de huída del Señor lleno de rabia, de miedo y de frustración. Mediante esta experiencia aprendió que nadie puede escapar de la presencia de Dios.

Cuando abordemos un crucero para una escapada de placer, recordemos a Jonás. Nosotros tampoco podemos tomar vacaciones de la presencia del Señor. A Él lo vemos en el paisaje, en el terreno y en la gente. Como Jonás, podemos compartir el amor de Cristo con los que viven en el puerto de embarque.

«VACANTE»

No duden en aceptar la hospitalidad, porque los
que trabajan merecen que se les dé alimento.
MATEO 10.10, NTV

Un anuncio de que hay espacio es una señal de bienvenida
para los viajeros cansados. Eso significa una cama
confortable y, posiblemente, una comida caliente. Con el
incremento de los vacacionistas en la actualidad, el negocio
del hospedaje ha crecido para transformarse en una gran
industria. Sin embargo, como los moteles ofrecen más que
un lugar para dormir, los precios se han ido para arriba.

Jesús envió a sus doce discípulos a predicar el reino
de los cielos al pueblo judío. Les dio autoridad para que
echaran fuera espíritus inmundos y sanaran a toda clase
de enfermos. Tenían que viajar sin equipaje, sin dinero ni
ropa extra además de la que llevaban puesta. En lugar de
hospedarse en posadas o mesones deberían depender de la
hospitalidad de familias judías devotas.

Hoy día, los evangelistas también necesitan un lugar
seguro para hospedarse y comida que los sustente. Para
esto, dependen del respaldo de otros creyentes. Trabajando
a través de iglesias y ministerios de fe, les podemos ofrecer
un cuarto, comida hecha en casa y ayuda financiera cuando
van de un lugar a otro ministrando.

Ellos son obreros para el reino de Dios. Pongámosle el
letrero de «Vacante» y démosles la bienvenida.

POSADAS FAMILIARES

Practiquen la hospitalidad entre ustedes sin quejarse.
Cada uno ponga al servicio de los demás el don
que haya recibido, administrando fielmente la
gracia de Dios en sus diversas formas.
1 Pedro 4.9-10, nvi

A veces, cuando viajamos, tenemos que depender de la generosidad de alguna familia que nos ofrezca hospedaje. Un hospedador afectuoso ajustará su agenda a la del visitante cuando este está en casa. Eso significa, entre otras cosas, que procurará hacerle su estada agradable, le llevará a conocer lugares interesantes de la ciudad o lo invitará a comer a su restaurante favorito.

El Señor nos dio a cada uno de nosotros un don espiritual. Aunque este don tiene como propósito primario propagar el evangelio de Cristo, también debemos compartirlo los unos con los otros.

Una forma de agradecer a quienes nos hospedan es ofrecernos para preparar la cena, ayudar en la limpieza de la casa, ir con ellos en sus caminatas matutinas si nuestras posibilidades físicas lo permiten y sentarnos a la sombra de los árboles en el patio de la casa, si esa es su forma de descansar.

Proyectamos la gracia de Dios a los miembros de nuestra familia cuando nuestros pensamientos que están enfocados en su Palabra se transforman en acciones que dan vida a nuestra fe y en palabras que edifican a los demás.

Descubra a Dios en las festividades y celebraciones

UN NUEVO COMIENZO

*El Señor te ha levantado el castigo, ha puesto en retirada
a tus enemigos. El Señor, rey de Israel, está en medio de ti:
nunca más temerás mal alguno… salvaré a la oveja que
cojea y juntaré a la descarriada. Les daré a ustedes fama
y renombre en los países donde fueron avergonzados.*

Sofonías 3.15, 19, NVI

El primer día del año acostumbramos planificar un nuevo
comienzo. Enero 1 nos invita a dejar atrás malos hábitos o
comenzar esa nueva dieta… una vez más.

Es tiempo para empezar de nuevo. Miramos adelante
dejando el pasado atrás aunque no dejamos de acordarnos
de los errores que cometimos. No podemos volver atrás
para enmendarlos, pero pueden servirnos de lección para
el futuro.

Estamos dando un paso gigante hacia adelante cuando
nos acercamos a quienes hemos ofendido y les pedimos
que nos perdonen. Y más grande aún cuando perdonamos
a quienes nos han causado mal antes de que se disculpen
con nosotros.

Podemos estar seguros de que con la ayuda del
Señor, será posible que nos libremos de viejos patrones
de conducta y nos encaminemos por nuevos. Él nos da
la oportunidad de comenzar otra vez cuando nuestros
pecados pasados los hemos puesto a los pies de la cruz de
Cristo.

LAS BUENAS NOTICIAS DEL VIERNES SANTO

Mas él herido fue por nuestras transgresiones,
molido por nuestros pecados; el castigo de nuestra
paz fue sobre él, y por su llaga fuimos nosotros curados.
Isaías 53.5, RVR 1960

¿Qué de bueno tiene el día cuando nuestro Salvador fue crucificado?

Su muerte fue el cumplimiento de la Escritura, el último de muchos sacrificios de sangre hechos por Dios a favor de Adán y Eva. Incluso en el carnero enviado para perdonar la vida de Isaac. En ese momento de tanta tensión, la cabeza del carnero quedó trabada en un zarzal por sus cuernos, indicando la corona de espinas que Jesús habría de soportar.

La profecía de Isaías describe en detalle las heridas debido a los azotes y golpes. Las manos y pies de Jesús fueron horadados cuando los soldados lo clavaron a la cruz, y una lanza le abrió su costado para asegurarse que ya había muerto.

Por causa de nuestra naturaleza pecaminosa, Él tuvo que sufrir una muerte horrible. La buena noticia es que su sangre no solo cubre nuestros pecados como ocurrió con la sangre del animal en el caso de Adán y Eva sino que lava cualquier vestigio de pecado de nuestras vidas. Gracias al derramamiento de la sangre de Cristo, nos es permitido entrar en la presencia de nuestro Padre celestial.

Alabado sea Dios por su amor sacrificial y su perdón insuperable.

¡RESUCITÓ!

No está aquí, sino que ha resucitado. Acordaos de lo que os
habló, cuando aún estaba en Galilea, diciendo: Es necesario
que el Hijo del Hombre sea entregado en manos de hombres
pecadores, y que sea crucificado, y resucite al tercer día.
LUCAS 24.6-7, RVR 1960

La tumba, sellada y custodiada, no pudo prevalecer contra
el todopoderoso poder de Dios.

La pesada piedra que cubría la entrada a la tumba
fue removida por el ángel no para dejar libre a Jesús sino
para probar que había resucitado, que no había podido
prevalecer contra el todopoderoso poder de Dios.

Los guardias romanos, que enmudecieron ante la
presencia del ángel, no pudieron prevalecer contra el
todopoderoso poder de Dios.

Los sudarios, que mantenían la figura y posición
del cuerpo del Señor, no pudieron prevalecer contra el
todopoderoso poder de Dios.

Si esta profecía de la Escritura no se hubiera cumplido
no habría esperanza para nosotros. La frase, «Él ha
resucitado» es el fundamento de nuestra fe cristiana.

El día en que celebramos la resurrección de Cristo es
más importante que el día de su nacimiento. El Día de
su Resurrección celebramos nuestro segundo nacimiento.
Regocijémonos y alegrémonos porque este es el día que el
Señor ha hecho.

Mediante el todopoderoso poder de Dios, no hay duda
que Cristo ha resucitado.

DÍA DE LA RECORDACIÓN

¡El Señor Dios de los Ejércitos Celestiales, el Señor es
su nombre! Así que ahora, vuélvete a tu Dios,
actúa con amor y justicia, y confía siempre en él.
OSEAS 12.5-6, NTV

La observancia del *Memorial Day* (Día de la Recordación),
llamado antes *Decoration Day* (Día de la Decoración)
surgió cuando viudas sureñas decoraron las tumbas de
soldados que habían muerto durante la Guerra Civil.
Estas mujeres cristianas no estaban demostrando con
su acto ni favoritismo ni amargura; ponían flores en
las tumbas de padres, esposos, hermanos e hijos que
hubieran pertenecido a los ejércitos de la Unión o al de
los Confederados. Todos ellos habían estado dispuestos a
morir por una causa, un principio, por la libertad.

Ahora, en el Día de la Recordación, rendimos
homenaje a nuestros soldados que, en cada guerra, han
muerto por preservar nuestra libertad.

Dios dio gran importancia al recordar. Estableció
festividades específicas para que su pueblo conmemorara
milagros e hitos. El profeta Oseas recordó a los israelitas el
memorial más importante de todos: el Señor Dios de los
ejércitos celestiales.

Cuando honremos a nuestros soldados caídos con
desfiles y ceremonias en este día tan solemne, rindamos
también honor a Jesús. Él dio su vida para salvar al mundo
y nosotros tenemos la cruz como un memorial.

Alabamos su nombre, su memoria a todas las
generaciones.

LA PROMESA DE
DIOS DE LIBERTAD

Pero la Escritura declara que todo el mundo es
prisionero del pecado, para que mediante la fe en
Jesucristo lo prometido se les conceda a los que creen.
GÁLATAS 3.22, NVI

Cada 4 de Julio celebramos en los Estados Unidos el Día de
la Independencia con fuegos artificiales, paseos campestres
y desfiles. La victoria conseguida sobre la dominación
británica fue dura y costosa. Los que dieron sus vidas para
ganar la libertad política creían que el sacrificio sería digno
del resultado. Al pensar ahora en aquella costosa victoria
¿estaremos dispuestos a luchar contra el pecado que nos
asedia para ganar la libertad eterna?

Nuestra vieja naturaleza tolera grilletes invisibles
que nos mantienen atados a los calabozos de pecado.
Luchamos diariamente contra esposas espirituales.
Tratamos de obedecer los mandamientos que Dios dio
a Moisés para descubrir, una y otra vez, que su ley refleja
nuestra propia condición de perdidos. Ellos no nos pueden
salvar pero apuntan a aquel que sí puede: Jesucristo.

Nuestro Padre Dios nos da la fuerza y la sabiduría para
pelear la buena batalla mediante creer en Cristo, quien
cumplió la promesa de Dios de liberarnos de la tiranía del
pecado.

Cuando celebremos un día tan especial, recordemos
esta verdad: La libertad del gobierno de otra nación es
temporal pero la libertad en Cristo, que fue prometida por
Dios, es para siempre.

ACCIÓN DE GRACIAS

Mas yo con voz de alabanza te ofreceré sacrificios;
pagaré lo que prometí. La salvación es del Señor.
JONÁS 2.9, RVR 1960

Jonás oró en el vientre del gran pez, agradeciendo anticipadamente a Dios por su rescate. El Señor premió su fidelidad y mandó al pez que lo vomitara en tierra seca. Jonás
mantuvo su promesa al Señor y fue a predicar a Nínive.

Más de dos mil años después, en el siglo XVII, los
peregrinos que llegaron a las costas del noreste de lo
que hoy se conoce como el Estado de Massachusetts
en los Estados Unidos, también oraron en su angustia.
Agradecieron a Dios anticipadamente creyendo que Él
proveería lo suficiente como para permitirles sobrevivir
el invierno que se aproximaba. Dios honró su firme
decisión, contestó sus oraciones y los protegió en las duras
condiciones que enfrentaron.

Cada noviembre, recordamos a aquellos devotos
aventureros que lo arriesgaron todo para empezar una
nueva vida en una tierra extraña.

Estos dos relatos presentan circunstancias opuestas:
Jonás huyendo de Dios y los peregrinos corriendo hacia Él.
Dios honró ambas actitudes y ambas oraciones. Por estos
ejemplos sabemos que podemos confiar en el Señor; que
Él contesta nuestras oraciones y acude en nuestro auxilio.
Su fidelidad nos alienta, primero, a darle gracias porque
creemos que nos concederá lo que le pedimos cuando
oramos en su voluntad. Solo Él es nuestra salvación.
¡Aleluya!

ADVENIMIENTO DE CRISTO

Pero el ángel les dijo: No temáis; porque he aquí
os doy nuevas de gran gozo, que será para todo
el pueblo; que os ha nacido hoy, en la ciudad de
David, un Salvador, que es Cristo el Señor.
LUCAS 2.10-11, RVR 1960

Las luces se atenúan en el santuario. Los músicos toman
sus posiciones cerca de la plataforma. Puede haber una
orquesta o simplemente un piano; un coro, un cuarteto, un
solista. Tan pomposo despliegue no es para nosotros sino
para el nino Jesús cuyo nacimiento humilde celebramos.

Entre los cánticos de Navidad y los interludios
musicales, hombres y mujeres de diferentes edades se
acercan al podio a leer las Escrituras. Algunos versículos
se refieren a profecías sobre la venida del Mesías mientras
otros hablan de los acontecimientos benditos que
ocurrieron tantos años atrás: los pastores atemorizados, las
huestes celestiales, las noticias que trajeron gran alegría y
que aun hoy son para nosotros de un gran contentamiento.

Un himno final acompaña la ceremonia de compartir
la luz de una candela a otra, cada llama acercándose
para encender a la del vecino. De igual manera, la luz de
Cristo ilumina nuestros corazones, una llama a la vez.
Compartamos la brillantez de esa luz durante todo el año.

¡OH, ALDEHUELA!

Pero tú, Belén Efrata, pequeña para estar entre las familias de Judá, de ti me saldrá el que será Señor en Israel; y sus salidas son desde el principio, desde los días de la eternidad.
MIQUEAS 5.2, RVR 1960

Al acercarse la Navidad, decoramos la casa con luces de colores y escenas de la natividad. Empiezan a aparecer, como por arte de magia, paquetes envueltos en papeles de llamativos colores. Entre los regalos que compartimos están los sabrosos panes de Navidad, condimentados con canela y otras especias y que envolvemos cuando aun están frescos para conservar el aroma y el sabor. El día de Navidad, este pan especial es el alimento básico de nuestras celebraciones.

Miqueas profetizó que el Rey iba a nacer en la fructífera Casa del Pan, porque eso es lo que quiere decir Efrata y Belén.

Jesús es el Pan de Vida; los que vienen a Él no tendrán hambre, y los que creen en Él, no tendrán sed jamás. Incluso su cuna fue un comedero, ilustrando su amor que alimenta y nutre.

Cristo describe su sacrificio con un pan que comparte con sus discípulos. Sigamos nosotros compartiendo el beneficioso pan de vida, no solo en Navidad, sino a través de todo el año.

FELIZ CUMPLEAÑOS

E iban sus hijos [de Job] y hacían banquetes en sus casas; cada uno en su día; y enviaban a llamar a sus tres hermanas para que comiesen y bebiesen con ellos.
JOB 1.4, RVR 1960

Nos encanta celebrar los cumpleaños con la familia y amigos. Pasteles, helados, tarjetas de saludo, regalos y una canción especial proveen el ambiente de fiesta. Estos encuentros celebran el don gratuito de Dios de la vida.

La tradición de un pastel con velitas fue, alguna vez, una ofrenda a una diosa pagana. Hoy simbolizan la luz de la vida con una velita que representa cada año vivido. Servidas con helado, estas golosinas ofrecen una insinuación de la dulzura que encontramos en una vida de obediencia al Señor. Las tarjetas, los regalos y las canciones contribuyen a los deseos expresados de que celebremos muchos cumpleaños más.

Con cada año, añadimos una nueva velita y una nueva oración de acción de gracias al Señor por alargar nuestros días sobre la tierra. Como Job lo sabía muy bien, Dios da y quita. Al soplar las velitas para apagarlas, según la costumbre, alabemos a Dios por cada cumpleaños y regocijémonos. Él nos ha dado un año más de vida para servirle.

DÍA DE BODAS

Gocémonos y alegrémonos y démosle gloria; porque han llegado las bodas del Cordero, y su esposa se ha preparado. Y a ella se le ha concedido que se vista de lino fino, limpio y resplandeciente; porque el lino fino es las acciones justas de los santos.
APOCALIPSIS 19.7-8, RVR 1960

Radiante y vestida de blanco, la novia avanza por el pasillo hacia el altar. El novio le toma la mano y la acepta como su esposa.

La ceremonia de boda tradicional apunta a la profecía sobre el regreso de Cristo. En ese día de boda tan gloriosa, el Cordero aceptará a la Iglesia como su esposa. La Iglesia no es un edificio o una denominación determinada. Los que creemos en la muerte sacrificial de Cristo, en su resurrección y en su ascensión, seremos su esposa.

La santidad de Dios es demasiado pura para soportar la presencia de nuestra injusticia. Pero el sacrificio de Cristo reemplaza nuestra iniquidad con su justicia, ganando el favor de Dios a nuestro favor. Podemos acercarnos al trono de Dios con confianza porque nuestros pecados han sido lavados. Venimos al Padre con la pureza que nos da la sangre de Cristo Jesús. Él nos ama más profundamente que un desposado a su esposa.

MEMORIAS

Mi amado es mío, y yo suya.
CANTAR DE LOS CANTARES 2.16, RVR 1960

Ya sea que estemos casados hace un año o hace cincuenta, el aniversario de bodas es un momento especial para mirar atrás. Hacemos memoria de nuestro noviazgo y la forma milagrosa en que el Señor nos unió. Nos sonreímos o reímos de lleno con tales recuerdos. Quizás tuvo una boda grandiosa con muchas damas de honor y los consabidos padrinos de boda; o quizás tuvimos una ceremonia pequeña a la que asistió solo un puñado de personas. Incluso una secreta es digna de celebrarse. No importa el tamaño del feliz acontecimiento, Dios ha dispuesto que vivamos la vida juntos.

Prometimos amarnos, honrarnos y protegernos: en salud o en enfermedad, en la riqueza o en la pobreza, para bien o para mal. A partir de ese día en adelante, renunciamos a todos los demás y nos reservaremos solo para nuestros amados cónyuges.

Cuando celebramos nuestro aniversario con un recordatorio de nuestras promesas mutuas, entonces nuestros corazones estarán llenos del amor de Dios. Y podremos mirarnos a los ojos y decir: «Mi amado es mío, y yo suya».

COMIENZOS

En todo asunto de sabiduría e inteligencia que el rey
les consultó, los halló diez veces mejores que todos los
magos y astrólogos que había en todo el reino.
DANIEL 1.20, RVR 1960

Daniel, Ananías, Misal y Azarías recibieron la mejor
educación que se daba en el país. Pero eran más sabios
que sus maestros gracias a su devota obediencia a Dios.
Temprano bajo la cautividad en que vivían demostraron
al rey Nabucodonosor su fidelidad inquebrantable a Dios.
Buscaron al Señor y no quisieron unirse a los magos y
hombres sabios de Babilonia.

Oremos por nuestros estudiantes que se gradúan de la
escuela secundaria o de la universidad. Ellos necesitan más
que educación, más que simplemente aprender. Al avanzar
en su educación o seguir alguna carrera, que tengan la
sabiduría de alejarse de soluciones mundanas y buscar en
cambio la dirección de Dios.

Dios los guiará cuando oren pidiendo dirección,
los protegerá cuando oren pidiendo protección y los
fortalecerá cuando oren pidiendo fuerzas. Que sean diez
veces más sabios que sus maestros y que se mantengan
firmes en su fe en el Señor Jesucristo.

COMPARANDO PREMIOS

Prosigo a la meta, al premio del supremo
llamamiento de Dios en Cristo Jesús.
FILIPENSES 3.14, RVR 1960

———◆◆◆———

Reconocimientos y premios coronan nuestros esfuerzos.
En las olimpiadas se interpreta el himno del país del
ganador. Años de entrenamiento preparan a estos atletas
con un solo propósito: «Traigan a casa el oro».

En Hollywood, ser nominado a un Oscar aumenta
en los actores las posibilidades de más películas y mucho
más dinero. ¿Cuánto más ganarán si obtienen el codiciado
trofeo?

¿Pero cuántos atletas con medalla de oro o actores
con un Oscar son recordados años después? Podemos
investigar los registros pero ¿es eso importante?

Mientras ganar nos da notoriedad entre nuestros pares,
sabemos que Dios demanda más de nosotros. Confiar en
nuestros logros terrenales para evaluar nuestra autoestima
deja un vacío en nuestros corazones. Nos sentimos huecos.
Solo el gozo de obedecer el llamado de Dios puede llenar
ese espacio dentro de nosotros.

Recibir un reconocimiento o un premio en este mundo
empalidece si lo comparamos con la recompensa que nos
espera en el cielo. Vamos en procura de esa meta para oír
cuando el Señor nos diga: «Bien, buen siervo y fiel».

HACER FELIZ

Debían celebrar esos días con alegría y festejos,
obsequiándose porciones de comida unos a
otros y haciendo regalos a los pobres.
ESTER 9.22, NTV

La reina Ester y Mardoqueo tenían una buena razón para
alegrarse. Dios los había hecho triunfar sobre Amán el
agagita desbaratando su plan para destruir a su pueblo.
Hasta el día de hoy, los judíos celebran cada primavera los
Días de Purim.

¿Cómo conmemoramos nosotros la conquista del
Señor a nuestro favor? Cada domingo nos recuerda la
victoria de Cristo sobre la muerte.

Nos reunimos en una iglesia o en un salón para un
estudio de la Biblia. Cantamos himnos o canciones de
alabanza y leemos porciones de la Escritura. Y oramos.

Es posible que un almuerzo con otras personas siga
al servicio de adoración, almuerzo que puede ser en un
restaurante o en casa de alguien. Damos gracias por
la comida y ofrecemos alabanzas al Señor. Después de
analizar y comparar notas de la enseñanza bíblica no nos
sentimos cansados por el tiempo gozoso pasado juntos
en la presencia del Señor. Porque donde están dos o tres
reunidos en su nombre, allí está Él en medio de ellos.
Y reconocemos que aquella fue una buena razón para
celebrar.

JOYAS EN LA CORONA

*En aquel día el Señor su Dios salvará a su
pueblo como a un rebaño, y en la tierra del Señor
brillarán como las joyas de una corona.*
ZACARÍAS 9.16, NVI

———◆◆◆———

Un diamante en bruto, aun en su forma cristalina, no
es más que un trozo de carbón. Necesita ser cortado en
facetas por un experto antes que pueda reflejar la luz en un
arcoíris de colores. La forma que se le da hace que la luz
centellee en fragmentos deslumbrantes que se asemejan a
diminutas llamas. El corte de un diamante es el factor más
importante que determina su valor.

Los joyeros también utilizan el calor para mejorar la
claridad de algunas piedras preciosas.

Nosotros somos joyas en la corona de Dios. Él es
el experto que nos ha «faceteado» transformándonos
de nuestro estado natural en un tesoro invaluable.
Con precisión divina ha quitado las impurezas. Para
purificarnos ha aplicado calor y presión y nos ha pulido
hasta obtener de nosotros el brillo deseado. Nos ha labrado
como se trabaja un pedazo de roca para hacer de nosotros
una joya digna de su corona.

En nuestra transformación, reflejamos los destellos de
la brillantez de Dios.

VOTAR EN LAS ELECCIONES

Y tú, Esdras, conforme a la sabiduría que tienes de tu Dios, pon jueces y gobernadores que gobiernen a todo el pueblo que está al otro lado del río, a todos los que conocen las leyes de Dios; y al que no las conoce, le enseñarás.
ESDRAS 7.25, RVR 1960

El rey Artajerjes reconoció la necesidad que los líderes temerosos de Dios gobernaran a los israelitas. Por eso, sabiendo del compromiso de Esdras con las leyes de Dios, lo mandó a que seleccionara líderes y los instruyera para la tarea de gobernar.

A muchos de nosotros no nos gusta cuando se aproximan nuevas elecciones. Para ganar votos, los candidatos utilizan llamadas telefónicas, propaganda que envían por correo y anuncios por la televisión. Algunos atacan a sus oponentes en lugar de esgrimir sus propias cualidades. Otros echan a correr rumores para desacreditar a los demás, ignorando los asuntos de importancia que interesan a la comunidad. Es raro ver una campaña política limpia.

Nuestro Padre celestial trajo a nuestros antepasados a la nación conocida ahora como los Estados Unidos de América para escapar de la tiranía y establecer una nueva nación. Para redactar la Constitución y llevar a cabo elecciones libres ellos buscaron la sabiduría de Dios. Y dejaron la marca del Señor en varios monumentos en la capital de la nación.

Dios ha llamado a sus hijos a ocupar cargos públicos. Como Esdras, nosotros podemos hacer uso de la sabiduría que Él nos dio para apoyarlos y elegirlos o entrar nosotros mismos en la carrera política.

Descubra a Dios en el tiempo y en las estaciones

ÁNGELES

No se olviden de practicar la hospitalidad, pues gracias a ella algunos, sin saberlo, hospedaron ángeles.
HEBREOS 13.2, NVI

———◆———

Cuando una tormenta de invierno azota sorpresivamente una ciudad, extraños se convierten en ángeles ayudando a extraños.

Calles, caminos y carreteras cubiertos de hielo hacen que se produzcan numerosos accidentes. En lugar de enfrentarse furiosamente por los daños sufridos por sus automóviles, los conductores se dan la mano y se ofrecen ayuda mutua. Aquellos cuyos vehículos pueden seguir su camino, llevan a otros a buscar ayuda.

¿Atrapados en la tormenta sin guantes? Un extraño tiene un par extra. ¿Que no puede ir a la escuela a recoger a sus niños? Los maestros aseguran a los padres que sus hijos están a salvo y seguros. Las iglesias abren sus puertas para ofrecer comida caliente y frazadas a las personas que no pueden llegar a sus casas; incluso en algunos casos se ofrece hospedaje por esa noche.

Dios nos llama a que seamos sus mensajeros en situaciones de necesidad. Podemos ayudar a un extraño, o dejar que un extraño nos ayude a nosotros. No podemos saber si un extraño es un ángel o si el que actúa como un ángel no es más que un ser humano. Pero Dios lo sabe. Él permanece junto a nosotros durante la tormenta.

COLORIDO OTOÑAL

Junto a las orillas del río crecerá toda clase de árboles frutales;
sus hojas no se marchitarán, y siempre tendrán frutos.
EZEQUIEL 47.12, NVI

Llega el otoño con su danza de colores cuando las hojas
de los árboles van de un verde a un amarillo oro, a un
rojo intenso para terminar en un café profundo. De allí,
la más leve brisa las desprende de sus ramas para formar
una alfombra maravillosa que cubre el suelo. Un cuadro de
belleza excepcional cubre la triste realidad del otoño.

El invierno está a la vuelta de la esquina. Los árboles
hacen acopio de toda su sabia como preparación para los
meses fríos. Disminuye la fuente de nutrición de las hojas;
pierden su color, se desprenden y caen.

Los israelitas se autosepararon del amor nutritivo de
Dios en el otoño de su incredulidad. Se desprendieron
de la Tierra Prometida y tuvieron que salir al exilio en
Babilonia donde vivieron el invierno de su cautividad.

Nosotros miramos con esperanza hacia adelante, al
día cuando la visión de restauración de Ezequiel se hará
realidad. La reconciliación del Señor comenzará como un
goteo y fluirá como un río de agua viva. Nunca más caerán
las hojas en anticipación del invierno. Los árboles darán
siempre sus frutos en la novedad de la vida eterna.

UN MANTO DE PUREZA

Venid luego, dice el Señor, y estemos a cuenta: si
vuestros pecados fueren como la grana, como la
nieve serán emblanquecidos; y si fueren rojos como
el carmesí, vendrán a ser como blanca lana.
ISAÍAS 1.18, RVR 1960

Una noche de fuertes nevazones deja un regalo para
nosotros. La belleza intacta de un suave manto blanco
resplandece con la luz de la mañana. El paisaje circundante
cede sus formas a la capa que como blanca lana cubre
la tierra. Su tranquilidad acalla los sonidos del día al
despertar. «Calla, enmudece» nos dice nuestro Padre
celestial en este momento de quietud. Antes de salir
raudos a atender nuestras obligaciones diarias, nos
tomaremos un minuto para reflexionar sobre esta imagen
de extraordinaria pureza.

El día anterior, la suciedad amontonada, los árboles
mustios y la hierba seca hablan del mundo entristecido
en que vivimos. Nuestra naturaleza pecaminosa nos
quebranta, estériles y secos como la hierba muerta. Pero
el Señor Jesús ofrece la más fina solución. Al creer en Él,
nos lava en su sangre carmesí para hacernos más blancos
que la nieve. Nos cubrirá con su pureza y nosotros nos
entregaremos a Él en total obediencia.

PLANTAS EN DESARROLLO

*Bendito el Dios y Padre de nuestro Señor
Jesucristo, que según su grande misericordia nos
hizo renacer para una esperanza viva, por la
resurrección de Jesucristo de los muertos.*

1 Pedro 1.3, rvr 1960

El invierno se desvanece con un toque de color. Un nódulo
aparece en una rama. Un trozo de rosado se abre paso a
través del verde. ¡El primer brote valiente de primavera!
Una brizna de rosado emerge. Una futura flor se asoma
lentamente después de la época de hibernación de la
planta; una imagen de esperanza de vida a través de la
resurrección de la muerte. Siguen más retoños. La vida
regresa a las matas.

Con el florecer de una nueva vida en los árboles,
arbustos y jardines llega la actividad de abejas y mariposas.
Las ardillas y los pájaros vuelven a armar sus nidos en las
ramas florecientes.

Nuestro Señor Jesucristo es la resurrección y la vida.
Al observar el paisaje en primavera volviendo a la vida y al
color, damos gracias a nuestro Padre Dios cuyo plan desde
el principio incluyó nuestro renacimiento a través de la
resurrección de su Hijo.

SEMILLAS EN VERANO

Y estos son los que fueron sembrados
en buena tierra: los que oyen la palabra y la reciben,
y dan fruto a treinta, a sesenta y a ciento por uno.
MARCOS 4.20, RVR 1960

Dios dio a cada temporada su propósito. Los agricultores echan la semilla en primavera y hacen la cosecha en el otoño. Los cultivos crecen y maduran en verano. Sin la adecuada alimentación durante la temporada de calor, el fruto no alcanza su madurez para el tiempo de cosecha y no podrá ser almacenado para el invierno.

En la parábola del sembrador, Jesús explica por qué algunas semillas de su Palabra no alcanzan a madurar. Satanás las roba. Los deseos o temores del mundo ahogan a otras. Algunas no tienen suficiente tierra como para echar raíces.

Nosotros necesitamos un verano espiritual para nutrir las semillas que Dios ha plantado en los nuevos creyentes. Necesitamos ofrecerles la calidez del sol de nuestra paciencia y amor. Los regamos con los nutrientes de una buena enseñanza. Al madurar su fe, pueden almacenar la Palabra en sus corazones para pasar bien un invierno espiritual. Y cuando empiecen a dar frutos, podrán ayudar a nutrir la siguiente siembra de Dios para que la cosecha sea igualmente exitosa.

RELÁMPAGOS

Cuando Salomón terminó de orar, descendió fuego
del cielo y consumió el holocausto y los sacrificios,
y la gloria del Señor llenó el templo.
2 CRÓNICAS 7.1, NVI

———◆◆◆———

El rayo, brillante, instantáneo, impredecible, es la fuerza
más poderosa en la atmósfera; sin embargo, es inofensiva
a menos que choque contra algo o alguien. No se
puede precisar su origen con exactitud. Sus destellos
enceguecedores se producen donde y cuando menos se
espera.

El fuego del cielo es la expresión suprema del poder de
Dios. Su brillantez podría enceguecernos o aniquilarnos
si nos encontramos cara a cara con Él en nuestro estado
actual. De la magnificencia de Dios, Moisés se protegió en
la hendidura de una roca.

Aunque el rayo simboliza la gloriosa majestad de Dios,
imponiendo sus decretos sobre los que se le oponen, no
lo usó para destruir a los que le amaban. Su columna de
fuego protegió y guió a su pueblo en el desierto. Fuego
descendió del cielo para aceptar la ofrenda quemada de
Elías cuando desafió a los sacerdotes de Baal como lo fue
para Salomón cuando dedicó el templo.

Como ocurre con el rayo, no podemos determinar con
precisión el origen de Dios porque Él es eterno. Tampoco
podemos predecir cuándo y dónde manifestará su luz a
nosotros. Solo podemos mantenernos firmes en temor
reverente ante su poder y gloria.

TRUENOS

Y tronó desde los cielos el Señor, y el Altísimo dio su voz.
2 SAMUEL 22.14, RVR 1960

Los truenos retumban como cañones a la distancia, rodando más y más cerca a medida que la tormenta se aproxima. La onda expansiva producida por el ruido hace temblar los vidrios de las ventanas y pone a los perros a aullar. A veces hace llorar de miedo a los niños. Cuando yo era niña, pensaba que los truenos eran señal de que el cielo se había enojado. Para calmar mis temores, mi padre me decía que eran los ángeles que estaban en el cielo jugando boliche. Y me enseñó a llevar la cuenta como otra táctica para tranquilizarme. Los ruidos extra eran puntos ganados.

La Biblia nos dice que Dios habló a su pueblo en el trueno. Moisés y Job confirmaron la poderosa voz de Dios tronando desde detrás de una nube. David alabó al Señor con un cántico, describiendo su ira en la tierra temblorosa y en ardientes ascuas y su voz retumbando desde los cielos.

Los resonantes estampidos de una tormenta traen a la mente la voz de mando de Dios. Pero Él ya no nos habla más a través de las nubes. Hoy día, se llega a nosotros a través de su Palabra, que nosotros podemos abrir y leer en cualquier momento.

LLUVIAS DE ABRIL

Y conoceremos, y proseguiremos en conocer al Señor;
como el alba está dispuesta su salida, y vendrá a nosotros
como la lluvia, como la lluvia tardía y temprana a la tierra.
OSEAS 6.3, RVR 1960.

La lluvia proporciona nutrientes a nuestras flores, plantas y cultivos. Abastece de agua potable a la humanidad y a los animales y limpia el polvo y el polen del aire y de las superficies. Pero lo más importante es que trae sanidad a una tierra asolada por la sequía.

Dios prometió a los israelitas en el desierto que enviaría lluvias en su tiempo como una retribución por su obediencia a Él. La tierra produciría y los árboles entregarían sus frutos. En las épocas en que Israel pecó contra Él, Dios los castigó con torrenciales tormentas y reteniendo la lluvia.

Como Oseas, quien buscó una lluvia sanadora para revivir a una nación rebelde, nosotros buscamos a Dios en nuestras propias sequías espirituales. Imploramos su perdón por nuestra obcecación y nos aferramos a Él como nuestra esperanza. Podemos volvernos al Señor, humillarnos y esperar expectantes que envíe su lluvia que nos limpie y lave nuestras maldades. Sí. Él realmente nos ama.

INUNDACIONES

Descendió lluvia, y vinieron ríos,
y soplaron vientos, y golpearon contra aquella casa;
y no cayó, porque estaba fundada sobre la roca.
MATEO 7.25, RVR 1960

La lluvia no da tregua. El agua no tiene a donde ir. Las calles se anegan, incapaces de vérselas con la inundación. Pronto llega la ayuda: sacos de arena y otros materiales para tratar de impedir que el agua inunde casas y negocios. Ya el daño está hecho, pero estas medidas de emergencia tratan de evitar que la destrucción sea mayor.

Nos sentimos impotentes cuando nos sobrevienen situaciones así y no hay remedio a la vista. A veces se necesita un torrente de lágrimas para obtener la ayuda requerida. Nosotros por nosotros mismos no somos capaces de hacer retroceder el estrés ni detener las aguas corrientes con solo nuestras manos. Dios pone en nuestro camino amigos, familiares e incluso extraños para que nos ayuden en esos momentos de angustia. Ellos vienen con el equipo necesario, la sabiduría de un buen consejo y el consuelo en sus brazos extendidos.

Nuestro Padre celestial nos da una base sólida sobre la que podemos poner nuestras inundaciones: Su amor demostrado a través de otros, y sus palabras de verdad.

EL ARCOÍRIS:
UNA PROMESA ETERNA

Cada vez que aparezca el arcoíris entre las nubes,
yo lo veré y me acordaré del pacto que establecí para siempre
con todos los seres vivientes que hay sobre la tierra.
GÉNESIS 9.16, NVI

Han pasado miles de años desde que Dios hizo su pacto con Noé de que no volvería a destruir la tierra con un diluvio. La evidencia de que Dios respeta su pacto puede verse en el cielo aun el día de hoy.

Un sentido de paz se apodera de nosotros cuando vemos el arcoíris tan familiar con sus múltiples colores. El arcoíris aparece a veces extendiéndose de un extremo del cielo al otro o como un fragmento de color en las nubes. Nos sentimos doblemente bendecidos al contemplar un arcoíris doble.

Fotógrafos y artistas tratan de recoger la esencia de la obra de Dios con sus cámaras o sus pinceles. Pero por extraordinarias que sean las copias, nada es como el original. Su belleza es un adelanto de lo que vamos a ver en el cielo. El arcoíris brilla como una esmeralda alrededor del trono de Dios.

Cuando Dios hace una promesa, podemos confiar en Él incluso después que hayan transcurrido milenios. Su palabra es verdad y su promesa es eterna. Así es Él.

SIEMBRA EN EL VIENTO

Porque sembraron viento, y torbellino segarán.
OSEAS 8.7, RVR 1960

El viento puede ser huracanado o suave como un soplo; devastador o beneficioso. No lo podemos ver, ni agarrar, ni retener. Dios ordenó al viento soplar sobre las aguas del diluvio y separar el mar Rojo para que su pueblo pudiera pasar en seco. Cuando Jesús tuvo que reprenderlo, el viento le obedeció. Aun en su furia más salvaje, sigue sometido a la autoridad de Dios.

Dios usa el viento para ilustrar la vacuidad y la destrucción.

En su idolatría, los israelitas plantaron semillas desprovistas de la verdad de Dios. Y cosecharon vacío y turbulencias como un torbellino. Una de las consecuencias fue la cautividad.

Aunque la tentación de seguir a otros dioses es sutil, es también fuerte. Dejamos que el mundo nos arrastre a la adoración de héroes cuando idolatramos a artistas, deportistas y líderes políticos. Estos no son dioses sino seres humanos tan imperfectos como lo somos nosotros.

Cuando los vientos del mundo tratan de arrastrarnos con sus ráfagas a la idolatría, volvámosle las espaldas. Si sembramos verdad y obediencia al Señor, vamos a cosechar brisas tranquilizantes en lugar de torbellinos destructivos.

HURACANES

Pero no mucho después dio contra la nave un
viento huracanado llamado Euroclidón.
HECHOS 27.14, RVR 1960

En 2004, Florida adquirió el apodo de «el Estado *Plywood*»
debido a que los huracanes Charlie, Iván y Jean lo golpearon
desde tres diferentes direcciones. Después de los estragos
que causaron en la península de Florida y luego en
Alabama, Iván volvió para aumentar el daño, esta vez por la
costa este. Antes de cada tormenta, los evacuados colmaron
las carreteras en busca de seguridad. Muchas actividades se
pospusieron o simplemente se cancelaron.

Una tormenta y un naufragio retrasaron el viaje de
Pablo a Roma. Durante su estadía en Malta, ofreció a los
isleños el mejor ejemplo de la protección de Dios cuando
sobrevivió a la mordedura de una serpiente venenosa. Luego
fue y oró por la sanidad del padre enfermo de un líder
isleño. Otros nativos trajeron a sus enfermos para que los
sanara.

Aunque el Señor había ordenado que Pablo fuera a
Roma y se presentara ante el César, le permitió un desvío de
tres meses con lo cual el destino final tuvo que posponerse.
Los habitantes de Malta también necesitaban oír de Cristo.

Los floridanos evacuados y los turistas tuvieron también
su desvío de la vida rutinaria. Estando en la carretera o en
un refugio les proveyó de oportunidades para hablar a otros
de Jesús.

En medio de las tormentas de la vida, podemos buscar
el propósito de Dios.

CORTE DEL FLUIDO ELÉCTRICO

Pero si andamos en luz, como él está en luz,
tenemos comunión unos con otros, y la sangre de
Jesucristo su Hijo nos limpia de todo pecado.
1 Juan 1.7, RVR 1960

Una rayería, una descarga de truenos y de repente nos encontramos en medio de la oscuridad. Buscamos rápidamente una linterna o una vela y fósforos. Damos vueltas sin ver nada; chocamos con los muebles; tropezamos con cualquier cosa que haya en la habitación. Finalmente, logramos encontrar los fósforos, encendemos uno o activamos una linterna y agujereamos la oscuridad.

Así como los obstáculos que no percibimos contra los cuales tropezamos, el pecado se esconde en las sombras esperando la oportunidad de hacernos caer. Pero la Luz de Dios está con nosotros para alejarnos de ese peligro. La luz y la oscuridad no pueden ocupar el mismo lugar en el espacio. Incluso en la oscuridad, un fogonazo de luz frena la noche aunque solo sea por un momento.

Cuando vivimos sometidos a la autoridad de Dios y nos mantenemos en compañerismo con otros creyentes, Él nos protegerá. Con el Señor a nuestro lado no tenemos razón para temer a las sombras… incluso en una noche oscura y tormentosa.

UNA VIDA PROTEGIDA

*Y habrá un abrigo para sombra contra el calor del día,
para refugio y escondedero contra el
turbión y contra el aguacero.*
ISAÍAS 4.6, RVR 1960

Los refugios sirven para muchos propósitos. Un refugio para desamparados ofrece a los indigentes esperanza al proveerles un lugar donde dormir y comida. Numerosos ministerios proporcionan refugios para mujeres y niños maltratados y/o abusados. Apoyamos organizaciones que se preocupan por las mascotas abandonadas. Pero nada se compara con el refugio que ofrece nuestro Padre celestial.

Isaías describe otro tipo de refugio. El Señor protegería a la nación de Israel con un dosel de humo y nubes. La gloria de Dios los cubriría como un manto, manteniéndolos seguros.

Nosotros también necesitamos su refugio donde protegernos de los peligros del mundo de hoy. No solo de las amenazas a nuestra seguridad personal, sino también de aquellos que podrían robarnos el gozo en Él.

Dios nos guía en el calor ardiente de la oposición y nos protege en las tormentas de duda, no con su nube de gloria sino con el refugio de su amor.

FORMACIONES DE NUBES

En esa visión nocturna, vio que alguien con aspecto
humano venía entre las nubes del cielo. Se acercó al
venerable Anciano y fue llevado a su presencia.
DANIEL 7.13, NVI

Las nubes de verano forman en el cielo imágenes
fascinantes. Las corrientes de aire en las capas altas de la
atmósfera les van dando formas caprichosas según sea la
dirección que va tomando el viento. Las nubes cambian de
forma de un momento a otro hasta que de pronto el rostro
de un anciano se transforma en palomitas de maíz que se
esparcen por todo lo ancho del cielo azul. En un instante,
las nubes pequeñas se juntan y se convierten en un ángel
que toca la trompeta que a su vez se transforma en un gato
sentado en una almohada.

Dios usó las nubes para mostrar a Daniel y a otros
profetas sus planes para el futuro. A través de ellas les
habló a Moisés y a Job. ¿Qué querrá el Señor que veamos
cuando los contemplamos?

Cuando Jesús ascendió al cielo, los ángeles dijeron que
volvería de la misma forma en que se fue. Un día, vamos a
ver una magnífica nube descendiendo en el cielo. Jesús, el
amado Hijo de Dios, volverá con gran poder y gloria.

¡No dejemos de mirar hacia arriba!

Descubra a Dios en el trabajo

ARMONÍA

*Ellos juzgarán al pueblo en todo tiempo; y todo asunto
grave lo traerán a ti, y ellos juzgarán todo asunto pequeño.*
ÉXODO 18.22, RVR 1960

Dios dio a Moisés un suegro sabio. Jetro, sacerdote de
Madián, conocía el arte de delegar; después de todo,
tenía siete hijas. Sabía que Moisés terminaría acabado
si continuaba atendiendo los casos grandes y los casos
pequeños del pueblo. Lo más probable era que también
la gente perdiera la paciencia esperando que le llegara su
turno para exponer su problema. Y que empezaran a pelear
entre ellos.

El orden en el lugar de trabajo depende de algo más
que una distribución justa de las responsabilidades. La
armonía prospera cuando estamos de acuerdo con los
demás, cuando compartimos la misma meta. Se logra más
cuando hay unidad de propósitos. El gozo absoluto viene
cuando ponemos las necesidades de los demás antes que
las nuestras.

Jesús hizo eso. Él nos vio como más importantes
que su propia vida mortal. En el lugar de trabajo o
dondequiera, la armonía puede ser nuestra cuando somos
el reflejo del amor de Jesús por nuestros vecinos y nuestros
hermanos.

NUESTRO VERDADERO JEFE

*Y todo lo que hagáis, hacedlo de corazón, como para el Señor
y no para los hombres, sabiendo que del Señor recibiréis la
recompensa de la herencia, porque a Cristo el Señor servís.*
COLOSENSES 3.23-24, RVR 1960

Es fácil olvidar quién es nuestro verdadero jefe,
especialmente si trabajamos en un ambiente exigente.
Aunque la persona que nos supervisa y paga nuestro
salario merece nuestro mejor desempeño, respeto y
honestidad, no debemos olvidar que nosotros servimos al
Señor, no a los hombres.

Si bien podemos ir a nuestro jefe terrenal si queremos
que nos aumente el salario es Dios quien, en última
instancia provee los recursos para un aumento salarial. El
ingreso extra es útil en el momento presente pero nuestra
recompensa en el cielo es mucho más grande y durará para
siempre. Cuando somos ascendidos a una posición más
alta y se nos dan mayores responsabilidades, podemos dar
gracias a nuestro Padre celestial quien conoce nuestras
cualidades.

No importa cuál sea nuestra ocupación, Dios está
interesado en ver cómo nos desempeñamos. Él quiere que
hagamos nuestro trabajo con entusiasmo incluso cuando
nadie nos está observando.

Que nuestro objetivo sea agradar al Señor en todo lo
que decimos y hacemos de modo que los demás vean a
Dios a través de la excelencia de nuestro desempeño como
trabajadores.

CONFLICTOS

Pero vosotros, amados, edificándoos sobre vuestra santísima
fe, orando en el Espíritu Santo, conservaos en el amor de
Dios, esperando la misericordia de nuestro Señor Jesucristo
para vida eterna. A algunos que dudan, convencedlos.
JUDAS 20-22, RVR 1960

Por más que nos esforcemos por mantener un estado de
ánimo tranquilo, fresco y compuesto en nuestro lugar
de trabajo, siempre se producirán malos entendidos.
Algunos son sobre disputas menores. Otros adquieren
características de terremoto. El estrés provocado por un
exceso de trabajo y un tiempo muy limitado para ejecutarlo
también nos pone en una situación de «olla de presión».
Todos somos seres humanos imperfectos, susceptibles de
iniciar conflictos o de hacer comentarios hirientes.

Cuando se producen estos conflictos debemos
tomarlos como medios para fortalecer nuestra fe orando
a Dios para que nos dé palabras y actitudes que calmen
la tempestad provocada por los intolerantes. A veces, eso
significa esperar en silencio. Dejemos que el amor de Dios
nos rodee mientras demostramos misericordia por quienes
critican a otros o a nosotros mismos. Oremos para que
Dios cambie los corazones: los de ellos y el nuestro.

Dios tiene las respuestas. Nosotros somos sus amados
hijos. Él nos guiará hasta donde está *su* solución.

SUMINISTROS

Examinadlo todo; retened lo bueno.
Absteneos de toda especie de mal.
1 Tesalonicenses 5.21-22, rvr 1960

Las calculadoras confirman el balance en nuestras cuentas. Dios estableció su verdad en nosotros mediante su Palabra, su Hijo y su Espíritu.

Las grapas y las presillas para el papel mantienen nuestros documentos juntos. Nuestra fe en el Señor Jesucristo mantiene nuestras vidas unidas.

Los archivos mantienen nuestros documentos accesibles. Dios está siempre accesible a nosotros mediante la oración.

Organizamos nuestros pensamientos en el teclado. El Espíritu Santo nos inspira para pensar y hacer lo que es correcto.

Imprimimos en papel en blanco. Jesús nos da una pizarra nueva y limpia. Tenemos un nuevo comienzo.

Los manuales nos dan instrucciones de procedimiento. La Biblia es el manual supremo de la vida.

Firmamos documentos con un bolígrafo. Nuestra firma nos distingue de los demás. Dios pone su marca permanente en nosotros por medio de Jesucristo, lo que nos hace diferentes del mundo.

La cinta correctora cubre nuestras faltas haciéndolas casi indetectables. La sangre de Cristo borró nuestros pecados. Dios no se acuerda más de ellos.

El pegamento repara los artículos dañados. Nuestro Padre celestial ha restaurado lo que estaba roto.

Los organizadores nos ayudan a mantener un aspecto profesional. El Señor nos exhorta a mantener el aspecto de bien y no de mal.

UN EJEMPLO APROPIADO

Pónganse como objetivo vivir una vida tranquila,
ocúpense de sus propios asuntos y trabajen con sus manos,
tal como los instruimos anteriormente. Entonces la
gente que no es cristiana respetará la manera en que
ustedes viven, y no tendrán que depender de otros.
1 Tesalonicenses 4.11, NTV

En su última cena, Jesús puso agua en un lebrillo y lavó los pies de los discípulos. Este ejemplo de humildad subrayó el ministerio de Cristo como siervo.

Jesús llevó una vida tranquila. No alardeó ni se preocupó de atraer la atención sobre sí mismo. Estuvo dispuesto a ayudar a quienes se lo pidieron pero prefirió el anonimato. De su boca no salieron ni chismes ni falsedades. Tampoco se inmiscuyó en los asuntos de los demás.

Antes de su ministerio terrenal trabajó con las manos como carpintero. Después, habría de usar sus manos para hacer milagros.

En su conversación con Nicodemo quedó en evidencia el respeto que se había ganado de los incrédulos a pesar de que algunos querían su muerte.

Dependiendo exclusivamente de su Padre en el cielo para todo su quehacer en la tierra, no pidió favores a nadie. Su perdón para aquellos que lo crucificaron fijó la medida de su amor insondable por nosotros.

Como el mejor ejemplo para nosotros en nuestro trabajo, imitemos el modelo de Cristo: Gracia significa servicio.

REUNIONES

Me dijo el rey: ¿Qué cosa pides? Entonces
oré al Dios de los cielos.
NEHEMÍAS 2.4, RVR 1960

Como copero del rey, Nehemías era muy cuidadoso en las respuestas que daba. Después de días de lamento y largas oraciones y penitencias por la desolación de Jerusalén, sin darse cuenta su tristeza se había hecho notoria a todos; por eso, cuando Artajerjes le hizo una pregunta, él rápidamente oró en silencio pidiendo a Dios que le dicra las palabras correctas. Y Artajerjes hizo todo lo que Nehemías le había pedido, y más.

En nuestras reuniones en el trabajo, podemos orar en silencio, como lo hizo Nehemías, para que la dirección de Dios nos guíe cuando vamos a hacer alguna sugerencia o a dar una respuesta. También, antes de entrar a una reunión, podemos orar pidiendo su dirección y su paz.

Cuando entramos a una reunión, no estamos solos. El Señor está con nosotros. Si buscamos su consejo, Él nos dará las respuestas adecuadas. Es posible que los resultados que obtengamos no sean tan grandiosos como los que recibió Nehemías pero si consultamos a nuestro Rey antes de dar una respuesta, podemos confiar en su ayuda.

NUESTROS CHEQUES

*Cuando los que habían sido contratados primero llegaron
a recibir su paga, supusieron que recibirían más,
pero a ellos también se les pagó el salario de un día.*
MATEO 20.10, NTV

———◆———

Algunos peones del terrateniente se quejaron ante lo que
ellos consideraban una falta de equidad en sus salarios no
obstante que al ser contratados habían acordado trabajar
por la cantidad que se les estaba pagando.

En esta parábola, Jesús no pretende enseñar la relación
de igual paga por igual trabajo sino que lo que quiere
es ilustrar la misericordia infinita de Dios. El niño que
acepta a Cristo tiene la misma cantidad de salvación que el
anciano que profesa fe en el Señor en su lecho de muerte.
La salvación es para todos los que quieran recibirla. Nadie
puede ser más o menos salvo que otro.

Como creyentes, hemos sido llamados a ser los peones
de Dios. En esta parábola, Jesús también está demostrando
su gracia abundante. Dios reconoce nuestra fidelidad según
nuestros varios dones y circunstancias. Algunos han sido
equipados para servir más horas en tanto que otros tienen
alguna limitación. Servimos al Señor cuando podemos y
aceptamos sus recompensas sin cuestionarlas.

Con gratitud recibimos nuestros cheques de
pago como el fruto de nuestros trabajos por nuestras
ocupaciones terrenales. Alegrémonos por las coronas que
almacenamos en el cielo por nuestro servicio al Señor. El
cheque de Dios es eterno.

ESCRIBIR

*Estas cosas os he escrito a vosotros que creéis en el nombre
del Hijo de Dios, para que sepáis que tenéis vida eterna.*
1 JUAN 5.13, RVR 1960

Dios ha provisto los medios para poner nuestros
pensamientos por escrito. Él abre nuestras mentes para que
recibamos su oferta de sana sabiduría. Nuestros corazones
bombean vida a las palabras dándoles sentimientos. Los
dedos que se mueven sobre el teclado o que hacen correr
un bolígrafo sobre el papel les dan un propósito. Y cuando
pedimos en oración, Él nos inspira mediante su Espíritu
Santo.

Las palabras que el apóstol Juan escribió en su
evangelio y en sus epístolas aun hoy día mantienen un
doble propósito: decirle al mundo acerca del amor de Jesús
y ayudarnos a crecer en nuestra fe. A través de sus escritos,
él provee un testimonio sano de que Jesús es el Hijo de
Dios.

Autores cristianos escriben artículos, cuentos y libros
para compartir su amor por el Señor con el mundo lector.
¡Qué hermosa oportunidad nos ha dado el Señor! En
cada cosa que escribimos, trátese de una carta personal o
de una novela, compartamos las buenas nuevas de nuestro
Salvador.

CLAVES PARA EL ÉXITO

*Y a ti te daré las llaves del reino de los cielos; y todo lo
que atares en la tierra será atado en los cielos; y todo lo
que desatares en la tierra será desatado en los cielos.*
MATEO 16.19, RVR 1960

Utilizamos llaves para asegurar puertas, portones u otras
vías de entrada para sentirnos seguros. Solo a los amigos y
asociados de confianza se les permite el acceso. Entregarle
las llaves a otra persona significa que podemos depender
de su comportamiento y buen juicio. Esperamos que
esa persona trate la propiedad con el mismo sentido de
pertenencia como lo hacemos nosotros.

Siguiendo esta misma idea, Jesús dio las llaves de
su reino a Simón Pedro. Estas llaves espirituales le dan
la autoridad de abrir las puertas del reino para que las
traspongan los creyentes, y cerrarlas para excluir de entrar
a los que rehúsan creer. El apóstol probó su fidelidad
cuando dijo: «Tú eres el Cristo, el Hijo del Dios viviente».
Él no dudó en responder a la pregunta del Señor sino que
la dio con total seguridad.

Esta es la llave para el éxito en nuestra fe; podemos
declarar con absoluta seguridad que Jesús es el Cristo,
nuestro Salvador.

LABRANZA

Yo hice la tierra, el hombre y las bestias que están
sobre la faz de la tierra, con mi gran poder y con
mi brazo extendido, y la di a quien yo quise.
JEREMÍAS 27.5, RVR 1960

Los gallos cantan anunciando el amanecer. El agricultor ya está despierto y ha comenzado sus labores del día. Mientras su esposa prepara el desayuno de huevos con tocino y cuela el café, él se encuentra en el granero. Como un buen mayordomo de sus animales, se preocupa de darles su alimento a ellos antes de ocuparse de él mismo.

Afuera, las aves de corral buscan en el suelo algo para comer. Los cerdos osan y gruñen en sus corrales. Los mugidos del ganado se suman al coro de animales.

El Señor ha llamado al agricultor a trabajar la tierra, a sembrar granos, vegetales o frutas para la alimentación o algodón para confeccionar la ropa. Él le dio el conocimiento sobre cuándo sembrar, cuándo cosechar y qué hacer entre una y otra actividad.

Mientras sigue las viejas tradiciones para arar la tierra y cuidar de sus animales, él da gracias a Dios por las provisiones que le da.

Grato es a los ojos del Dios Altísimo quien cultiva Su suelo y cuida de sus animales.

SU OVEJA

Mis ovejas oyen mi voz,
y yo las conozco, y me siguen.
JUAN 10.27, RVR 1960

Cuando James, un amigo de mi padre, compró un cordero para su pequeña granja, no se molestó en elegir un nombre para el animalito. A todas las llamaba Mis ovejas.

La primera vez que lo llevó para la esquila, lo perdió entre las otras en el aprisco. El esquilador le pidió que lo llamara pero James tuvo que decirle que el corderito no tenía nombre. El esquilador se sonrió y le dijo de nuevo que lo llamara. Así es que Jaime empezó a llamarlo en alta voz: «¡Ey, corderito. Ven acá!» Después de unos segundos apareció su cabecita entre las demás ovejas y se dirigió hacia él. Las ovejas pueden no saber cómo se llaman pero reconocen la voz de su amo.

Nosotros también podemos reconocer la voz de nuestro Maestro. Cuando sentimos su cercanía, siempre nos señala la Biblia y no dejará que hagamos algo que nos cause daño a nosotros o afecte a otras personas. Siempre será veraz porque Él es el camino, la verdad y la vida. El Buen Pastor nos guiará por sendas de justicia. Aprendemos a reconocer su voz y a seguirle.

LIMPIEZA DE PRIMAVERA

*Durante siete días comerán pan sin levadura, de modo
que deben retirar de sus casas la levadura el primer
día. Todo el que coma algo con levadura desde el día
primero hasta el séptimo será eliminado de Israel.*
ÉXODO 12.15, NVI

La limpieza de primavera comenzaba cuando las mujeres israelitas buscaban en sus casas la levadura en preparación para la festividad de la Pascua. Debido a que la levadura representaba el pecado, no se les permitía tener ni siquiera una cucharadita de levadura en casa.

Limpieza de primavera el día de hoy significa mover los muebles para sacudir el polvo y recuperar las monedas que han caído entre los cojines del sofá. Todo se lava, desde los pisos hasta los marcos de las ventanas e incluso más allá de eso.

Podemos imitar la detección de levadura buscando y quitando el pecado oculto en nuestras vidas. Barriendo esas tentaciones seductoras. Limpiando nuestras buenas intenciones derramadas. Lavando nuestras mentes y dejando que cualquier pensamiento negativo se vaya por el desagüe. Puliendo nuestras palabras de consuelo hasta sacarles brillo. Frotando las vendas de nuestros ojos para quitar cualquiera mirada malsana. Después de haber hecho todo eso, volver los muebles a su sitio y disfrutar de una vida limpia que deleitará al Señor.

Descubra a Dios en el tiempo de la comida

LA MEJOR COMIDA AL AIRE LIBRE

Cuando llegaron, encontraron el desayuno preparado
para ellos: pescado a la brasa y pan. «Traigan algunos
de los pescados que acaban de sacar» dijo Jesús.
JUAN 21.9-10, NTV

Los perros calientes y las hamburguesas son, por lo
general, lo que se come a las brasas. El pescado a la parrilla
es también sabroso.

La tercera vez que Jesús se mostró a sus discípulos
después de su resurrección, les ofreció un desayuno.
Se paró en la orilla del mar al amanecer y se dedicó a
observarlos. Cuando ellos volvieron de haber estado
pescando, lo hicieron con las redes vacías. Juan fue el
primero en reconocer a Jesús cuando les habló y les dijo
dónde echaran la red. Seguramente recordó el milagro de
la pesca milagrosa ocurrida solo unos años antes.

Ahora, con unas cuantas brasas y pan, Jesús había
preparado una comida al aire libre para ellos.

Simón Pedro estaba feliz de ver a Jesús, así es que sin
esperar a sus compañeros que estaban en el bote, se lanzó
al agua y nadó hasta la orilla. Dios ama a los creyentes
entusiastas.

En el cielo vamos a compartir con el Señor la mejor
de las comidas al aire libre, pero no van a ser los perros
calientes ni las hamburguesas con ensalada fría de papas.
Va a ser un festín con el alimento ilimitado de la Palabra
de Dios.

UNA PEQUEÑA VASIJA DE ACEITE

Cuando las vasijas estuvieron llenas, dijo a un
hijo suyo: Tráeme aun otras vasijas. Y él dijo:
No hay más vasijas. Entonces cesó el aceite.
2 Reyes 4.6, rvr 1960

Anotamos «aceite de oliva» en la lista del supermercado
cuando la provisión que tenemos en casa está a punto de
agotarse. Las pastas, las salsas y los aderezos requieren de
aceite. El espesor y el rico sabor del aceite de oliva añaden
cuerpo a la salsa que otros aceites no tienen. No queremos
quedarnos sin aceite.

Con una pequeña vasija de aceite, Eliseo demostró
la provisión abundante de Dios. La fe de la viuda en el
Señor y su obediencia al hombre de Dios la libraron de
la adversidad. Sus hijos estaban a punto de ser separados
de ella cuando decidió acudir a Eliseo por ayuda. E hizo
exactamente lo que el profeta le dijo que hiciera. El
producto de la venta del aceite con la que había llenado
las vasijas que le habían prestado sus vecinas fue suficiente
para pagar sus deudas y seguir sosteniendo a su familia.

Esta sencilla vasija de aceite ha llegado a ser un
símbolo de una fe grande. La provisión de Dios es tan
abundante como lo es creer y someternos a su voluntad.

HORNEAR PARA
OCASIONES ESPECIALES

Entonces Gedeón fue de prisa a su casa. Asó un cabrito y
horneó pan sin levadura con una medida de harina.
Luego llevó la carne en una canasta y el caldo en una olla.
Puso todo delante del ángel, quien estaba bajo el gran árbol.
JUECES 6.19, NTV

El pan casero le da una categoría especial a cualquier
comida. Con solo el aroma que sale del horno se despierta
el apetito. Se puede servir en forma de rebanadas, como
medialunas o como bollos. Si cocinar es un arte, hornear es
una ciencia. Cada ingrediente debe agregarse con medidas
exactas pues si no, se corre el riesgo de sacar del horno algo
que no se pueda comer.

Durante la opresión madianita, Gedeón tuvo que
trillar secretamente el trigo por miedo a que le robaran lo
poco que tenía. Aun así, tuvo ánimo para hornear pan y
compartirlo con el extraño que permanecía sentado a la
sombra de un roble cercano. Una aceptación espontánea de
la comida preparada y ofrecida por Gedeón reveló que el
extraño era el Ángel del Señor.

Nosotros horneamos para la familia y para amigos
especiales y, a veces, para extraños como lo hizo Gedeón.
Cuando ofrezcamos a otros los sabrosos regalos sacados
del horno, que ellos vean al Ángel del Señor en nuestra
voluntad de compartir.

PLANEANDO UNA COMIDA

Sea vuestra palabra siempre con gracia, sazonada con
sal, para que sepáis cómo debéis responder a cada uno.
COLOSENSES 4.6, RVR 1960

El lugar para almacenar especias es algo importante en
nuestras cocinas. Qué desabrido sería nuestro alimento sin
sal, pimienta o un poco de pimentón.

La sal no solo da sabor sino que, además, actúa como
preservante. Dependiendo de la cantidad que usemos, la
pimienta añade algún grado de potencia a las comidas.
El pimentón y otras hierbas y especias mejoran o afectan
el sabor. Para conseguir un toque italiano, espolvoreamos
orégano sobre el pollo. Y si queremos un sabor de comida
mediterránea le damos una ligera capa de curry.

También nuestras conversaciones necesitan un
poco de sazón. Demasiado condimento puede dominar
nuestras palabras, haciéndonos aparecer como muy
bruscos u ofensivos. Muy poco las puede dejar sin sabor e
indiferentes.

Sazonar nuestras palabras con amabilidad evita que
usemos expresiones de mal gusto o inapropiadas. Con
una pizca de sal, suficiente como para realzar el mensaje,
nuestras palabras llevarán gracia al oyente.

HORA DE LA
COMIDA MILAGROSA

*Y comieron todos y se saciaron. Y recogieron de los
pedazos doce cestas llenas, y de lo que sobró de los
peces. Y los que comieron eran cinco mil hombres.*
Marcos 6.42-44, RVR 1960.

Asistimos a banquetes para apoyar alguna causa
humanitaria o un ministerio. Sentados a mesas para
ocho. Vajilla fina. Los meseros nos sirven ensalada, plato
principal y postre. Se preocupan de que a nuestras tazas no
les falte el café.

Alguien pronuncia un discurso, con la esperanza de
que no lo olvidemos, y todo termina.

¡Cuán diferente tiene que haber sido un banquete con
Jesús! Sus invitados no se sentaban a mesas ni se les servía
en vajilla fina sino que se recostaban en la hierba en grupos
de cincuenta o de cien. En vez de camareros profesionales,
sus discípulos servían a la gente. En lugar de una comida
de delicada exquisitez, pan y pescado «pedidos prestados
a un niño». Su preocupación era que no alcanzara para
todos.

Pero Jesús no se preocupó por eso. En sus manos, el
pan y los peces se multiplicaron. Las escasas provisiones
alimentaron no solo a una multitud de más de cinco mil,
sino que los discípulos tuvieron que recoger lo que había
sobrado. Y nuestro Señor hizo más que alimentar con pan
y pescado; Él alimentó sus almas con palabras de vida.

ENSALADA DE FRUTAS

*Mas el fruto del Espíritu es amor, gozo, paz,
paciencia, benignidad, bondad, fe, mansedumbre,
templanza; contra tales cosas no hay ley.*
GÁLATAS 5.22-23, RVR 1960

Un día que preparaba una ensalada de frutas escuché una
canción por la radio cuya letra estaba basada en Gálatas
5.22-23 y cuyo ritmo era muy pegadizo. Ahora, cada vez
que hago ensalada de frutas no puedo dejar de tararear esa
canción.

Pensé en dar a cada pedazo de fruta uno de los nueve
atributos enumerados en el versículo pero me encontré con
el problema de que cada vez cambio los ingredientes.

El fruto del Espíritu sigue siendo el mismo. El amor
sacrificial de Cristo siempre estará con nosotros. El gozo
viene cuando ponemos a Jesús en el primer lugar de
nuestras vidas. Él nos da paz cuando estamos atribulados.
Su paciencia con nosotros va más allá de nuestra propia
capacidad de tenerla los unos con los otros. En su Sermón
del Monte nos enseñó a ser amables, bondadosos, leales
y mansos. Y a poner la otra mejilla cuando hemos sido
agraviados, lo cual requiere de una gran cantidad de
autocontrol.

Canto la canción mientras pico la fruta, feliz de saber
que Dios no hace cambios o substituciones a su receta. Y
que es muchísimo más deliciosa que la ensalada de frutas
que hago yo.

ALIMENTO DE JUSTICIA

Porque el reino de Dios no es comida ni bebida,
sino justicia, paz y gozo en el Espíritu Santo.
ROMANOS 14.17, RVR 1960

¡Qué fácil es salirse de la dieta cuando un trozo de pastel nos tienta, especialmente cuando creemos que nadie nos está viendo! Antes de autocomplacernos con ese bocado alto en calorías, miramos a todos lados para asegurarnos que estamos solos. Y tratamos de justificarnos con la excusa de que «es solo un pedacito». Pero al dar la primera mordida, nos sentimos decepcionados. No era tan sabroso como nuestra imaginación nos había hecho creer.

Es tan fácil salirse del camino correcto cuando el pecado nos incita a hacerlo. Tratamos de encontrarle alguna justificación. Es solo una mentirita blanca, una mirada sugerente o un coqueteo de aparente intrascendencia. Creemos que nadie lo sabrá, pero Dios nos ve.

Cuando nos decidimos a dar ese paso gigantesco hacia el abismo de la tentación, nos estamos robando a nosotros mismos la paz de Dios. La experiencia, en lugar de placer, produce arrepentimiento.

El Espíritu Santo está aquí, habitando dentro de nosotros, dispuesto a ayudarnos a cambiar nuestro enfoque de la gratificación física al gozo de la justicia. Está tan cerca como la oración que hacemos para experimentar el autocontrol.

Descubra a Dios en el ejercicio

CAMINATA DE ENERGÍA

Así partieron del monte de Jehová camino de tres días; y el arca del pacto del Señor fue delante de ellos camino de tres días, buscándoles lugar de descanso.
NÚMEROS 10.33, RVR 1960

Caminar como ejercicio trae bendiciones inesperadas. Encontramos monedas tiradas en el pavimento, hacemos nuevos amigos, vemos de cerca animales y plantas en su propio hábitat. Dios también nos da bendiciones tales como aire fresco para respirar, el calor y la luz del sol además de quemar una buena cantidad de calorías no deseadas.

Los israelitas tenían una ventaja. Llevaban la ley de Dios en el Arca de la Alianza y el Señor los guiaba al abrirse camino a través del desierto.

Nosotros hoy día no tenemos un Arca que llevar pero el Señor está con nosotros en nuestras mentes y corazones mientras vamos caminando. Él nos pide silencio para orar por una persona o una situación dada. O simplemente disfrutar de la paz que produce estar con Él en un entorno natural. El secreto está en no esperar las bendiciones. Es más dulce la experiencia cuando el Señor nos sorprende dándonos lo que tiene para nosotros.

PASEOS

*Y andaré entre vosotros, y yo seré vuestro
Dios, y vosotros seréis mi pueblo.*
LEVÍTICO 26.12, RVR 1960

No hay prisa ni agenda que cumplir. Un paseo para
esparcimiento no lleva a algún destino determinado. No
importa por dónde vayamos: la playa, un centro comercial
o una de las avenidas de la ciudad. Dios va con nosotros.

Si caminamos por la playa nos maravillaremos por
el intrincado diseño de las conchas abandonadas por
criaturas que una vez las consideraron su hogar. Captan
nuestra atención aletas que aparecen y desaparecen en el
agua. Los delfines nos ofrecen caprichosas danzas al ritmo
de las olas. La creación de Dios se mueve entre nosotros.

Deambulando por las anchas avenidas de un centro
comercial, nos detenemos a admirar una pintura que se
exhibe en una ventana y que nos recuerda un versículo
favorito de la Biblia. Recorriendo una tienda, el Señor nos
impulsa a hablarle de Cristo a uno de los empleados. La
verdad de Dios camina entre nosotros.

Por la acera del distrito comercial de la ciudad, la gente
pasa corriendo junto a nosotros. Van a una cita o a una
reunión. Alguien se detiene en frente de nosotros y, mapa
en mano, pregunta por una dirección. Le indicamos una
ruta más rápida y segura para llegar a donde quiere ir. La
dirección de Dios camina entre nosotros.

DEPORTE

Así que, yo de esta manera corro, no como a la
ventura; de esta manera peleo, no como quien
golpea el aire, sino que golpeo mi cuerpo, y lo pongo
en servidumbre, no sea que habiendo sido heraldo
para otros, yo mismo venga a ser eliminado.
1 CORINTIOS 9.26-27, RVR 1960

Primero, aprendemos las reglas básicas del juego. Luego,
el entrenador llega para motivarnos para rendir al nivel
más alto. La clave para alcanzar nuestro objetivo es la
autodisciplina. No dejamos de practicar con el entrenador
presionándonos para llegar al punto deseado. Nuestra
meta: una medalla, un trofeo o establecer una nueva marca
están siempre frente a nosotros.

Sin autodisciplina nos perdemos en el camino. Nuestro
enfoque se vuelve borroso y nuestro desempeño se viene
abajo. Somos descalificados y el entrenador nos manda a
la banca.

Como creyentes en Jesucristo, nuestra meta suprema
es propagar la palabra de Verdad. Comenzamos con
una formación básica leyendo la Biblia. Dios pone en
nuestros corazones el deseo de aprender más acerca de Él.
Tomamos notas de los sermones y de los estudios bíblicos
preparados por eruditos. En esto también es fundamental
la autodisciplina. Nuestro enfoque en la Palabra nos
califica para hablarles a otros de nuestro Salvador.

EN LA MARATÓN

Y la mano del Señor estuvo sobre Elías, el cual ciñó sus
lomos, y corrió delante de Acab hasta llegar a Jezreel.
1 REYES 18.46, RVR 1960

Los corredores se alinean en el punto de partida. Esperan
la señal. Se han entrenado para este día. Se da la señal.
Todos echan a correr siguiendo la ruta previamente
señalada. La estamina es el secreto para permanecer en la
carrera.

La maratón de la vida en la que participamos también
requiere de estamina pues corremos contra el mal.

Corremos con poder en el servicio al Señor. Isaías
nos dice que si ponemos nuestra esperanza en el Señor,
correremos sin cansarnos. Dios nos da la fuerza para hacer
frente a la oposición.

Corremos con entusiasmo en el servicio al Señor.
Pedro y Juan corrieron a la tumba cuando se enteraron
que la piedra había sido removida. Dios nos da el celo para
proclamar nuestra fe.

Corremos con el propósito de servir al Señor. Pablo
nos dice que debemos correr de tal manera que nos
llevemos el premio. Dios nos pone la ambición de alcanzar
a los perdidos.

Dios dio a Elías el poder de correr tan rápido que dejó
atrás el carro del rey Acab. Y a nosotros nos da el privilegio
de correr a Él en busca de protección.

Descubra a Dios en su hábitat natural

LAS MARIPOSAS SON LIBRES

Y es bueno que todos se sometan desde
temprana edad al yugo de su disciplina.
LAMENTACIONES 3.27, NTV

Tratando de escapar de su capullo, la mariposa presiona
contra la pared de seda tejida. Nos da pena observarla
mientras trata de ser libre. Pero ella necesita hacer ese
esfuerzo porque así se desarrollarán sus hermosas y
poderosas alas.

A veces, Dios quiere que tengamos algunas dificultades
en nuestras vidas. Presionamos con todas nuestras fuerzas
contra una barrera sin darnos cuenta de lo fuertes que
hemos llegado a ser. La experiencia nos fortifica para
enfrentar los obstáculos. Aprendemos a ser pacientes
y perseverantes y a confiar en el Señor. En lugar de
preguntar por qué nos ha sobrevenido tal o cual prueba,
deberíamos guardar silencio y orar. El Señor nos mostrará
cómo nos va a usar con las nuevas fuerzas que hemos
adquirido.

La mariposa no se da cuenta que el esfuerzo que hace
para salir del capullo le permitirá disfrutar del placer de
volar largas distancias y visitar las más hermosas flores.
¿Qué excitante aventura está Dios preparándonos para este
tiempo? Sin duda que será una gran bendición.

LA SIEMBRA DE LAS ARDILLAS

Así que ni el que planta es algo, ni el que riega, sino Dios, que da el crecimiento.
1 Corintios 3.7, RVR 1960

Una ardilla coge una bellota y busca donde esconderla. Cava un agujero, deposita allí la semilla y la cubre con tierra. Sin darse cuenta, es posible que haya plantado un inmenso roble. No va a regresar trayéndole agua o para observar su crecimiento. Su intención es almacenar comida. Es posible que se olvide dónde la enterró pero Dios sabe dónde está.

Dios usa el proceso de sembrar, regar y crecer para producir otro poderoso roble. Este árbol produce más bellotas para multiplicar su cultivo. Algunas están destinadas a madurar mientras que otras proveen alimento para la ardillita laboriosa. El ciclo perfecto de Dios se propaga en el bosque y recompensa a sus pequeñas criaturas por ser parte de su diseño.

En un ciclo similar, nuestro Padre celestial conoce el lugar donde dejamos caer la semilla del evangelio. Envía a otros para que la rieguen, perpetuando su mensaje y a nosotros nos recompensa con bendiciones por llevar el evangelio a los perdidos.

ESCUELA DE VUELO

Yo te instruiré, yo te mostraré el camino que debes
seguir; yo te daré consejos y velaré por ti.
SALMOS 32.8, NVI

Los estorninos que anidan en mi árbol se valen de ciertos
silbidos y chillidos para enseñar a volar a sus polluelos.
Es algo fascinante de ver cómo estos aprendices escuchan
atentamente las instrucciones de sus padres y les obedecen.
Los sonidos que emiten suenan a un himno a la vida más
que a instrucciones de vuelo. Si quisiera que me enseñaran
a mí, necesitaría un traductor.

A los no creyentes, la Biblia les pudiera parecer una
serie de historias desconectadas entre sí. Pero a los que
creemos en Cristo Jesús, el Espíritu Santo nos interpreta
los mensajes de Dios para nosotros. En estos mensajes,
podemos seguir la historia desde la creación hasta la
crucifixión. Las generaciones enumeradas en Génesis se
mencionan de nuevo en Lucas donde se detalla el linaje de
Jesús, a través de María y de vuelta a Adán.

El registro de las múltiples veces que los israelitas
les volvieron las espaldas a Dios, regresaron a sus brazos
que los acogieron y perdonaron son una esperanza para
nosotros. Él siguió enviándoles profetas que les enseñaran
sus caminos.

A través de su Palabra, Dios nos instruye respecto de la
vida. Igual que los estorninos bebés a los que se les enseña
a volar, nosotros aprendemos escuchando y obedeciendo
las instrucciones del Señor.

CAERSE DEL NIDO

Vuélvenos, oh Señor, a ti, y nos volveremos.
LAMENTACIONES 5.21, RVR 1960

Nuestro gato mascota golpeó con fuerza la ventana. Los pájaros chillaron y volaron veloces hacia el suelo cerca del roble que tenemos en el antejardín. ¿Qué había pasado? Un pájaro bebé se había caído del nido. Asustado y desorientado mientras agitaba sus pequeñas alas, se las arregló para regresar al árbol. Volvió ileso al lugar al que pertenecía: el nido que era su refugio seguro junto a su familia.

Me imaginé que su caída se habría debido a que se entretuvo mirando el mundo que le rodea en lugar de sentirse contento en el lugar al que pertenecía.

Los israelitas fueron hechos cautivos vez tras vez debido a su infidelidad a Dios. Se sintieron atraídos por el mundo y dejaron el nido donde contaban con la protección de Dios. Sin embargo, cada vez volvieron a adorarle y Dios los restauró a su refugio seguro: la tierra de provisión.

Si mantenemos nuestra mirada en Jesús en lugar de en el mundo evitaremos caernos del nido. Y si caemos, Él nos ayudará a volver a él.

HUMILDAD ASCENDENTE

*Pero aunque te remontes tan alto como las
águilas y construyas tu nido entre las estrellas,
te haré caer estrepitosamente, dice el Señor.*
ABDÍAS 4, NTV

Las águilas construyen sus nidos en altos acantilados,
en postes de teléfono e incluso en las azoteas de los
rascacielos. Las podemos ver desde el suelo, pero no
podemos llegar a ellas.

El águila puede parecer arrogante con su poderoso
pecho y su mirada altiva. Nos mira desde su nido sabiendo
que no representamos una amenaza para ella o su
descendencia. Pero Dios es más alto que su encumbrado
hogar.

Vuela alto sobre nosotros y con su capacidad de
visión casi perfecta, ubica a su presa y se lanza sobre ella
capturándola con sus fuertes garras. Pero es Dios quien le
provee de su comida. Aun con toda su fuerza y destreza,
ella depende de su Creador.

Los edomitas construyeron sus casas en los lugares más
altos de los acantilados de Petra. Su orgullo los engañó,
sin embargo, al hacerles creer que eran invencibles. Dios
permitió que fueran destruidos por causa de su arrogancia.
Ni uno de los descendientes de Esaú sobrevivió a la batalla
que se avecinaba y que describe el profeta Abdías.

Pero todavía tenemos águilas, volando en ascenso ante
el Señor.

EL LUCERO DE LA MAÑANA

*Tenemos también la palabra profética más segura, a la
cual hacéis bien en estar atentos como a una antorcha
que alumbra en lugar oscuro, hasta que el día esclarezca
y el lucero de la mañana salga en vuestros corazones.*

2 PEDRO 1.19, RVR 1960

———◆◆◆———

Cuando aun no amanecía y todavía medio dormido, salí
de la casa a recoger el periódico. Parpadeé un par de veces
para aclarar la visión, miré al cielo y quedé impresionado
viendo aquella brillante estrella sobre la ciudad aun
dormida como si anunciara la llegada de un nuevo
amanecer. El horizonte, aun grisáceo, empezaba a vestirse
de rojo. La belleza de aquella escena me quitó el aliento. Si
no me hubiese fijado, me habría perdido aquel magnífico
espectáculo del lucero de la mañana ascendiendo antes del
amanecer.

Nuestro Padre celestial nos ha dado sutiles indicios
de cumplimiento de su Escritura. Puso en el cielo al
planeta Venus para que fuera el anticipo del Lucero
de la Mañana por venir: Jesús. Vivimos en un mundo
oscurecido. Nuestra luz de esperanza es la Palabra de
Dios la cual nos guía como una lámpara a nuestros pies.
Si prestamos atención, no nos vamos a perder al Lucero
de la Mañana ascendiendo en nuestros corazones el día
cuando Él regrese.

LA LUZ DE LA AURORA

Mas la senda de los justos es como la luz de la aurora,
que va en aumento hasta que el día es perfecto.
PROVERBIOS 4.18, RVR 1960

La noche es más oscura cuando va a amanecer. ¿Y no es
eso lo que sentimos cuando hemos dado la espalda a Dios?
Queremos volver y en la oscuridad de nuestras almas lo
buscamos a tientas. El peso de nuestra desolación nos
hunde más en la desesperación.

De pronto, aparece en el horizonte un pequeño
destello de luz. Poco a poco se va haciendo más y más
brillante llamándonos a dejar la oscuridad atrás. Es el
camino correcto, disponible a todos los que quieran seguir
al Señor.

El primer paso es el más difícil. Este primer paso se
da por fe. ¿Dónde ponemos el pie? El siguiente nos acerca
un poco más. Y el siguiente nos lleva más próximos a la
luz. Ahora todo el camino está brillando con su Palabra y
llevándonos directamente al Salvador, que nos espera con
los brazos extendidos.

No tenemos ninguna razón para mirar atrás. La
oscuridad que hemos dejado se torna gris antes de
desvanecerse en la brillantez del amor de Dios. Él nos
baña con su justicia, lavando nuestras dudas y temores.
Luego, nos susurra: «Bienvenida a casa, hija mía».

LA HORA DEL MEDIODÍA

*Y el sol se detuvo y la luna se paró, hasta que la
gente se hubo vengado de sus enemigos.*
JOSUÉ 10.13, RVR 1960

❧

A mitad del día, con una sonrisa miramos atrás, a la
mañana. Las sombras matutinas, largas y dilatadas, han
huido. Durante el almuerzo anticipamos la transición a la
tarde.

Dios nos concede la hora del mediodía. El mundo luce
brillante y fresco bajo la luz del sol.

Termina la hora del almuerzo. Las sombras de la tarde
llegan como dedos extendidos con sus demandas de hacer
esto, ir allí, recoger tal cosa, comprobar lo de más allá…

Si tan solo pudiéramos pedirle a Dios que detenga
la marcha del sol como lo hizo para Josué podríamos
saborear esta hora un poco más antes de regresar al trabajo.

El tiempo es un regalo de Dios. Con cada marca que
hacemos en nuestra lista de «cosas por hacer» damos
gracias por los momentos que tenemos para alcanzar
las metas del día. Queda satisfecho nuestro sentido de
propósito. Y si nuestro trabajo agrada al Señor, dejemos
que el sol siga su camino por el cielo. Nosotros los que
habitamos en el refugio del Dios Altísimo moraremos bajo
la sombra del Omnipotente.

ECLIPSE DE SOL

Acontecerá en aquel día, dice el Señor, que
haré que se ponga el sol a mediodía, y cubriré
de tinieblas la tierra en el día claro.
AMÓS 8.9, RVR 1960

En los días de Amós un eclipse total de sol predijo el
juicio venidero. Hoy día a los eclipses los vemos como
fenómenos curiosos. ¿Pero no tendrán otro significado?

La luna no puede producir luz; solo la refleja. En
forma similar, Satanás no puede reproducir las luces,
señales y maravillas creadas por Dios.

En un eclipse solar, la luna ensombrece al sol. El único
deseo del adversario es extinguir la luz de Dios con sus
oscuridades. Cuando Jesús murió en la cruz, pensó que
había extinguido la Luz. Pero así como el sol se asoma
por la esquina de un eclipse, Jesús resucitó de entre los
muertos, mandó a la oscuridad atrás y se hizo presente
desde el otro lado.

Cuando parezca que la oscuridad puede triunfar en
nuestras vidas, recordemos que el eclipse solar dura solo
unos momentos. La luz de Dios volverá más gloriosa que
antes. El sol es mayor que la luna. Y el Hijo es más grande
que un ángel caído.

GRITO JUBILOSO

Los habitantes de los fines de la tierra
temen de tus maravillas, y haces alegrar las
salidas de la mañana y de la tarde.
SALMOS 65.8, RVR 1960

El sol de la tarde comienza su retirada, hundiéndose poco a poco en el horizonte. La luz se filtra a través de los ángulos de la atmósfera superior tiñendo de rosa y violeta el azul del cielo occidental. Los rayos del sol irrumpen a través de las nubes altas y se asoman por la atmósfera inferior. Invitan al deslumbrante anaranjado con amplios trazos de rojo oscuro y suaves purpuras a unirse al coro celestial de colores. Cada matiz lleva su propia tonalidad musical.

Todos los atardeceres son diferentes. Algunos exhiben suaves tonos púrpura o rosa con un arrebol naranja pálido. Otros brillan con un rojo fuego intenso dentro de un halo dorado. Otros pueden ocultarse tras espesas nubes. Pero los rayos del sol encuentran la forma de irrumpir a través o detrás de ellos, brillando con un blanco puro o mediante una explosión de colores.

Trátese de una puesta de sol dramáticamente brillante o tímidamente tenue, siempre es un canto a la gloria de Dios. Cantad alegres a Dios, habitantes de toda la tierra.

LA LUNA Y LAS ESTRELLAS

Dios es más glorioso que la luna;
brilla con más intensidad que las estrellas.
JOB 25.5, NTV

Nos maravillamos ante el espectáculo que ofrece la superluna cuando en su fase de llena se acerca en su órbita elíptica más a la tierra a la que baña con su luz blanca. Casi podríamos leer un libro con la luz que ofrece.

Pero Dios es más glorioso que una superluna. Él es la Luz; no un reflejo de la luz.

Los meteorólogos informan de una inminente lluvia de meteoritos en las primeras horas del día. Saltamos de la cama a las tres de la mañana y, aun medio dormidos, nos ponemos la bata y salimos a observar aquel despliegue celestial. Durante unos minutos, luces brillantes cruzan el cielo dejando estelas color verde azulado.

Pero Dios es más glorioso que una lluvia de meteoritos. Él es eterno, no un espectáculo de luces que dura unos momentos.

Las estrellas destellan como diamantes en el cielo nocturno. En algunas regiones se ven tan cerca que pareciera que con un mínimo esfuerzo las alcanzaríamos y las tocaríamos aunque, por supuesto, se encuentran muy lejos.

Pero Dios brilla más que las estrellas. Él está siempre donde podemos alcanzarlo, no en una galaxia distante sino aquí, con nosotros.

Señor nuestro: Dador de la vida, eterno, accesible; cuán glorioso es tu nombre.

CONSTELACIONES

Él creó la Osa y el Orión,
las Pléyades y las constelaciones del sur.
JOB 9.9, NVI

Las estrellas que forman las constelaciones permanecen en los lugares que les fueron asignados desde el día cuando se las creó. Dios las puso en el cielo como una declaración gloriosa de su plan para la humanidad. Él sabía antes de crearlas que Adán y Eva habrían de pecar trayendo el Paraíso abajo juntamente con ellos.

Job vio la Osa Mayor, el Orión y las Pléyades y se consideró indigno comparado con ellas. David se regocijó en las estrellas, aunque se dio cuenta que, pese a toda su inmensidad, Dios valoraba más al hombre. Amós e Isaías también las vieron anticipando el juicio que vendría sobre todos los que fueran desleales con el Señor. Los magos estudiaron las constelaciones lo que dio origen a un viaje a Jerusalén para inquirir acerca del nacimiento del Rey.

Y ahora las observamos nosotros.

Al proclamar los cielos la gloria de Dios, reconocemos las formas y patrones específicos de una constelación y hallamos esperanza en la profecía desplegada en el cielo. Habla del Redentor que vino y sufrió pero que regresará para aplastar la cabeza del tentador.

Dios nos ama tanto que se acerca a nosotros incluso a través de las estrellas.

EL ROCÍO DE LA MAÑANA

Y cuando descendía el rocío sobre el campamento
de noche, el maná descendía sobre él.
NÚMEROS 11.9, RVR 1960

Los israelitas en el desierto echaban de menos el pan
que comían en Egipto. ¡Con qué rapidez se olvidaron de
los capataces que los maltrataban y de todas las penurias
que habían dejado! Miraban atrás cuando venían las
pruebas sin tener en cuenta los milagros que Moisés había
protagonizado en su larga travesía por el desierto.

Pero Dios no dejó de proveerles lo que necesitaban.
Primero fue el agua que da vida en forma de rocío, seguida
por el pan en forma de maná que los nutrió. Con ese
alimento en forma de obleas el Señor los alimentaba cada
mañana. Era una predicción del Salvador que habría de
venir como el pan de vida para alimentarnos, no por un
día, sino por la eternidad.

Primero fue el agua con la que Juan bautizó a Jesús
seguida por el ministerio de Cristo como el pan nutritivo
de vida.

Hoy día ya no se nos da el maná en forma de rocío
porque Jesús, la manifestación de Dios en carne ya ha
venido. Dejamos que el rocío de la mañana remoje la tierra
y nutra la hierba mientras nosotros recolectamos nuestro
maná mediante la lectura de su Palabra.

RÍOS

En el último día, el más solemne de la fiesta, Jesús
se puso de pie y exclamó: «Si alguno tiene sed, que
venga a mí y beba. De aquel que cree en mí, como
dice la Escritura, brotarán ríos de agua viva».

JUAN 7.37-38, NVI

En los Estados Unidos, ya sea que viaje al este o al oeste,
tendrá que cruzar el mítico río Mississippi. Esta vía
fluvial se desplaza hacia el sur desde su nacimiento en el
lago Itasca en Minnesota para desembocar en el golfo de
México. No hay registros en la historia que alguna vez se
haya secado.

Dios creó el ciclo que alimenta los afluentes con
un fluir continuo de agua. El invierno trae la nieve y el
hielo. La primavera trae el calor para derretirlos, lo que
permite que corrientes de agua fluyan hacia el lago. El lago
alimenta el río y, de esta manera, el ciclo continúa. Pero
llegará el día cuando lagos y ríos se secarán.

El río que Jesús nos ofreció no tiene ni principio ni fin.
No depende de los ciclos de tiempo sino que fluye como el
Espíritu Santo desde dentro de Él. Todos los que hemos
probado su agua cristalina jamás volveremos a tener sed.

Venga a Él y beba.

ROCAS Y PIEDRAS

Él es la Roca, cuya obra es perfecta, porque todos
sus caminos son rectitud; Dios de verdad,
y sin ninguna iniquidad en él; es justo y recto.
DEUTERONOMIO 32.4, RVR 1960

Rocas y piedras yacen en el suelo, sin vida e insignificantes.
Pero Dios las valora. Él las hizo a cada una.

En el Sinaí, Dios le ordenó a Moisés que golpeara
la roca para que proveyera agua para los israelitas. Una
generación más tarde, en el desierto de Zin, Dios le dijo a
Moisés que hablara a la roca para que diera su agua.

Moisés y David cantaron canciones de alabanza
al Señor. Lo proclamaron como la Roca de salvación,
fortaleza y escudo, libertador y el fundamento de su fe.

Jesús dijo que la fe de Pedro era tan fuerte como la
roca sobre la cual habría de fundar su iglesia. Y cuando
los fariseos le dijeron a Jesús que reprendiera a sus
discípulos, Él les contestó que si ellos callaban, aun las
piedras gritarían. Y hubo una piedra que lo hizo aunque
no verbalmente. Pero su grito fue de tal gozo y alegría que
hizo saltar los sellos de Roma cuando fue quitada de su
sitio en la tumba de Jesús para probar que había resucitado.

Dios, indudablemente, es nuestra Roca, recto y justo.
Y perfecto.

MÚSICA DE LOS BOSQUES

*Entonces cantarán los árboles de los bosques delante del
Señor, porque viene a juzgar la tierra. Aclamad a Jehová,
porque él es bueno; porque su misericordia es eterna.*
1 Crónicas 16.33-34, RVR 1960

El rey David se regocijó con los ancianos de Israel cuando
trajeron el Arca de la Alianza. Mientras cantaba sus
alabanzas, otros se le unieron tocando sus instrumentos.
Se imaginó que aun los árboles del bosque cantaban de
alegría.

Hoy en día, cuando caminamos por un bosque
podemos escuchar los dulces sonidos que el rey David
imaginó.

El director levanta la batuta. Su creación obedece, lista
para tocar en su orquesta. Él dirige los vientos para que
soplen a través de los árboles. Los troncos suspiran en
tonos suaves mientras se balancean hacia adelante y hacia
atrás. Las hojas susurran a través de las ramas ondulantes.

El pájaro carpintero se une a la percusión con su
tamborileo en la corteza de un árbol. Pequeñas aves pían
su melodioso canto.

Las ardillas corren por las copas de los árboles y por el
suelo del bosque parlotean las notas de la escala.

No hay orquesta que pueda competir con la música de
los bosques.

Alabado sea el Señor por su sinfonía de la floresta.

LEÑOS

¿Por qué miras la paja que está en el ojo de tu hermano,
y no echas de ver la viga que está en tu propio ojo?
LUCAS 6.41, RVR 1960

❖

Eché un leño en el fuego de la chimenea y, al caer, esparció cenizas y brasas. Un carboncillo me entró en el ojo haciendo que se me llenara de lágrimas. En cuestión de minutos tenía una especie de derrame como un mapa caminero cubriéndome todo el globo ocular. La partícula de ceniza y las lágrimas me empañaron la visión. Después de quitar la basurilla y de secarme las lágrimas, vi el leño ardiendo y recordé el mensaje de Jesús a la multitud.

Por lo general, somos más rápidos para criticar los defectos de los demás que los propios nuestros. Quizás esa fue la lección que Jesús quiso enseñar a las multitudes que se reunían para escuchar sus sermones. Si miramos dentro de nosotros antes de buscar las faltas en los demás, veremos a una persona con defectos que necesita que se la perdone.

Nuestra lucha con nuestras fallas comienza con una pequeña basurilla. Mantenerla oculta en la tierra del secreto y el orgullo hará que se expanda hasta el tamaño de un leño del tamaño de un roble. Mientras nos mantengamos ciegos a nuestros propios pecados no podremos ayudar a otros con los de ellos. Cuando nos rendimos al Señor y recibimos su perdón, estaremos en condiciones de ofrecer orientación a otros.

Descubra a Dios en la jardinería

ÁRBOLES DE INJERTO

No te jactes contra las ramas; y si te jactas,
sabe que no sustentas tú a la raíz, sino la raíz a ti.
ROMANOS 11.18, RVR 1960

Injertar un olivo silvestre en otro cultivado hace que se unan las raíces fuertes del uno con la fecundidad del otro. El olivo silvestre puede producir olivas pequeñas pero inhibe las plagas y las enfermedades. El olivo cultivado puede tener un sistema de raíces débiles pero produce un fruto más grande. El injerto combina las características buenas.

Dios estableció este principio desde los comienzos pues sabía que iba a injertar creyentes gentiles en su olivo divino. Todos necesitamos los rasgos combinados de fe y obediencia para ser siervos que produzcan frutos para Él. Pero el apóstol Pablo nos advierte contra la arrogancia en nuestra posición. El nuevo nacimiento ofrece un lugar de privilegio en su reino; a menudo, sin embargo, el orgullo induce a quienes han sido favorecidos con un lugar de honor a desairar a las ramas cultivadas. Pero un día Dios las restaurará.

Su bendición de redención prometida a través de Jesucristo es la raíz fuerte que sostiene nuestras ramas. Recordar su sacrificio en la cruz restaura nuestra humildad.

BROMELIAS FLORIDAS

Y se les aparecieron lenguas repartidas como de
fuego, asentándose sobre cada uno de ellos.
HECHOS 2.3, RVR 1960

Pentecostés es una de las cuatro fiestas anuales que Dios
ordenó celebrar a los israelitas. Después de la ascensión de
Jesús, este día específicamente cumplió lo que el profeta
Joel había anunciado: que Dios habría de derramar su
Espíritu sobre la humanidad. Para este milagro, usó la
imagen de lenguas de fuego que se aposentaron sobre los
discípulos y muchos en la multitud llegaron a creer en
Cristo.

Cuando las impresionantes bromelias irrumpen fuera
de sus verdes capullos se asemejan a lenguas de fuego. Y
pueden durar meses antes de marchitarse y morir. Cuando
las flores mueren, las plantas mueren también. Pero antes
de morir, la planta madre envía pequeñas crías que serán
las que continuarán la producción de flores.

Como las flameantes bromelias rojas, que dejan
descendientes en el jardín antes de su muerte, el legado de
los discípulos, con sus lenguas de fuego, sigue vivo en la
Biblia.

Esta exuberante flor nos hace pensar en el milagro del
poder del Espíritu Santo.

FLORES DE JARDÍN

Porque nosotros somos colaboradores de Dios,
y vosotros sois labranza de Dios, edificio de Dios.
1 Corintios 3.9, RVR 1960

Las flores del campo crecen sin la ayuda de la gente.
Los atributos invisibles de Dios, su poder infinito y
la naturaleza divina son evidentes en un campo de
flores multicolores. Un jardín cultivado con sus propios
contornos y flores de todos colores dispuestas en formas
delicadas muestran también el orden perfecto de Dios.
Ambos proclaman su gloria.

Nosotros propagamos el evangelio en la misma forma
que las flores del campo siembran sus semillas. Un ave
se lleva una y la deposita en el suelo. Una brisa sopla la
basura que pudiera haber sobre la semilla. Llega la lluvia y
la riega. Pero es Dios quien hace posible que germine.

De manera similar, cultivamos un jardín cavando
pequeños agujeros en la tierra, poniendo semillas de flores
y cubriéndolas luego. Mantenemos húmeda la tierra
regándola con agua de un grifo. De nuevo, su crecimiento
depende de Dios.

Como cultivadores del jardín de Dios, uno de nosotros
puede plantar cuando evangeliza y otro puede regar
cuando enseña pero es Dios quien da a la semilla de fe la
capacidad de desarrollarse.

LOS CACTUS FLORECEN
DE NOCHE

Y se transfiguró delante de ellos. Y sus vestidos se volvieron
resplandecientes, muy blancos, como la nieve, tanto que
ningún lavador en la tierra los puede hacer tan blancos.
MARCOS 9.2-3, RVR 1960

Luces parecen iluminar desde adentro las flores del cactus, de un blanco purísimo que solo florecen de noche. Pocas personas tienen el privilegio de ver este extraordinario despliegue de belleza en la oscuridad. Las flores se cierran antes del amanecer, ocultando sus brillantes esplendores del mundo diurno. ¿Podría alguien apreciar su hermosura bajo el sol ardiente?

De todos los discípulos, solo Pedro, Jacobo y Juan fueron testigos allá en lo alto de la montaña de la transformación de Jesús: de su Maestro en el radiante Hijo de Dios. Al verlo, acompañado de Moisés y Elías, los tres discípulos tuvieron una visión de la inminente gloria de Jesús y de su reino que habría de venir.

Después de tan milagroso suceso, Jesús les dijo que no contaran a nadie lo que habían visto. Tenía que guardar su brillante esplendor como un secreto ante el mundo. Nadie habría podido entender y apreciar su gloria mientras no hubiera derrotado a la muerte.

Me pregunto si Dios no habrá dado órdenes a los cactus para que hagan que sus flores solo florezcan de noche y se oculten durante el día como una forma de decir por qué Jesús reservó su gloria para el momento preciso.

FLORES ARTIFICIALES

*Pues ustedes han nacido de nuevo, no de simiente
perecedera, sino de simiente imperecedera,
mediante la palabra de Dios que vive y permanece.*
1 Pedro 1.23, niv

———◆◆◆———

Las flores artificiales no se marchitan ni mueren como
las plantas naturales. No necesitan agua ni pesticidas
para conservar su belleza. Las consideramos perdurables
debido a que mantienen su apariencia por largo tiempo.
Pero a la larga, las rosas de plástico pierden su flexibilidad
y terminan por colapsar en pedazos. La seda de las
margaritas termina por deshilacharse. Con un simple
alfiler se puede destruir un cardenal de papel. Los pétalos
de estas imitaciones carecen de la suavidad de una flor
natural y de la fragancia de las flores vivas. No son más que
simples réplicas.

Antes de creer en Cristo nosotros éramos como flores
artificiales. Parecíamos tener vida pero por dentro estábamos
muertos en nuestros pecados. Nuestra inflexibilidad para
cambiar nos estaba destruyendo. Las metas suaves y sedosas
que habíamos hecho para nuestro futuro se estaban cayendo
a pedazos y nuestros momentos perecibles en el tiempo
desintegrándose como papel. Nos faltaba la suavidad y el
grato aroma de quien camina con el Señor.

Ser alguien que ha nacido de nuevo a través de
la perdurable y viviente Palabra de Dios nos cambió
de margaritas de seda en violetas vivas que nunca se
marchitarán. Él nos ha hecho imperecederos. Vamos a
florecer para siempre.

PLANTAS TREPADORAS

Amado, no imites lo malo, sino lo bueno.
El que hace lo bueno es de Dios; pero el que
hace lo malo, no ha visto a Dios.
3 JUAN 11, RVR 1960

En el patio trasero de la casa planté dos enredaderas a cada lado de un arco enrejado. Pronto, las plantas empezaron a producir guías que fueron trepando por el enrejado. Uniéndose en la parte superior, se superpusieron la una a la otra y luego descendieron por el otro lado del arco, el que ya no es visible sino que está completamente cubierto.

Aferrándose las guías como la hiedra, se extienden hasta tomar la forma del objeto que cubren, como un emparrado o una muralla. Por su propia naturaleza, adoptan la imagen del objeto que cubren. En esto, no tienen alternativa.

Como hijos amados del Dios Altísimo, su carácter es nuestro patrón a imitar. El enemigo nos incita a tomar la forma de lo mundano con el argumento de que «todos lo hacen». Pero al sumergirnos en las aguas de las palabras del Señor, crecemos en conocimiento y nuestros deseos renovados nos hacen tomar la forma de su justicia. Al aferrarnos firmemente a una enseñanza sana, podremos ascender y cubrir todo el enrejado de la Verdad y tomar la forma de su bondad.

TESTIMONIO DE ESPERANZA
DE UNA MALEZA

¿Cuál es mi fuerza para esperar aún?
¿Y cuál mi fin para que tenga aun paciencia?
JOB 6.11, RVR 1960

Por fin terminó el día, duro y desalentador. Al entrar a la autopista me fijé en una mata de maleza que, creciendo en una hendidura del asfalto, procuraba elevarse al cielo. ¿Cómo pretendería hacerlo? ¿Puede una mata de maleza ser más fuerte que el pavimento? ¿Y por qué escogió crecer allí, donde los automóviles podrían aplastarla en cualquier momento?

Sin duda que Dios me estaba dando este momento como un testimonio de esperanza.

La vida tiene formas infinitas de carreteras y autos: cosas que obstaculizan nuestro crecimiento hacia Dios. Pero, a diferencia de la pequeña mata de maleza, Dios nos dio la libertad de elegir. Cuando la vida trata de pasar sobre nosotros, podemos dejar que la tribulación triunfe o nos lleve más cerca de Dios. Podemos temblar cuando los automóviles de la vida amenazan con atropellarnos o volvernos a nuestro Señor por ayuda y esperanza.

Tan cierto como que la fuerza interior que Él ha puesto en una pequeña mata de maleza puede romper el asfalto, Dios va a darnos fuerza para mantenernos creciendo hacia Él, sean cuales fueren las circunstancias adversas que se nos presenten.

¿Cuál es la fuerza de que disponemos para mantener la esperanza? La fuerza y el poder del Dios Todopoderoso.

Descubra a Dios en los reflejos y en la luz

ESPEJOS

*Así que, todos nosotros, a quienes nos ha sido quitado el
velo, podemos ver y reflejar la gloria del Señor. El Señor,
quien es el Espíritu, nos hace más y más parecidos a él.*
2 Corintios 3.18, NTV

Un espejo que refleje en otro repetirá perpetuamente la
imagen hasta lo infinito. Pero si se cubre uno de los espejos
con un velo, se interrumpirá el vínculo bloqueando la
duplicación de la imagen.

En esta carta a los corintios, el apóstol Pablo menciona
el velo que usó Moisés en la presencia de los israelitas.
Cuando se reunía con el Dios Todopoderoso en el monte
Sinaí o en el Tabernáculo de Reunión, su rostro brillaba
con la luz de la gloria de Dios. El rostro de Moisés tan
resplandeciente los aterrorizaba de tal manera que tenía
que cubrírselo con un velo. La ley que Dios les dio dejó
al descubierto la mancha sin esperanza de la naturaleza
pecaminosa del hombre.

Como cristianos, somos el espejo del amor de Dios
que ofrece la redención para la naturaleza pecaminosa
del hombre. Aun cuando nuestra forma de vida, nuestras
palabras y obras correctas hacen que los incrédulos se
sientan incómodos, no podemos cubrirlas. Como los
espejos, deseamos que la imagen de gloria del Señor se
refleje y proyecte perpetuamente a lo infinito. Dejemos que
la gloria divina de Cristo resplandezca a través de nosotros.

VENTANAS

Aunque mire en tinieblas, el Señor será mi luz.
MIQUEAS 7.8, RVR 1960.

Durante la Segunda Guerra Mundial, los británicos cubrían las ventanas de sus casas con cortinas oscuras. Procuraban que el enemigo no viera ni un rayo de luz adentro. Sobre ellos se cernía una sensación de peligro ante la posibilidad de más ataques con bombas.

A veces nos gusta sentarnos en la oscuridad y escondernos en las sombras. Extendemos cortinas sobre nuestros corazones como si fueran mortajas. ¿Por qué lo hacemos? ¿Tenemos miedo, comó los británicos lo tenían en 1940, que el enemigo vea nuestra luz? ¿Buscamos refugio contra los ataques espirituales o emocionales?

El profeta Miqueas se sentó en la oscuridad a esperar pacientemente la misericordia de Dios. Él sabía, en medio de su aflicción, que el Señor de los Ejércitos sería su luz.

Los británicos ya no cubren las ventanas con cortinas oscuras. La guerra ha terminado; la batalla se ha ganado. Con la ayuda del Señor, podemos echar a un lado las cortinas de opresión de nuestras tristezas y abrir las ventanas de par en par para dejar que entre su luz. La guerra espiritual ha terminado y la victoria pertenece al Señor Dios Todopoderoso.

LINTERNAS

*Entonces Jesús les dijo: Aún por un poco está la luz
entre vosotros; andad entre tanto que tenéis luz,
para que no os sorprendan las tinieblas; porque
el que anda en tinieblas, no sabe adónde va.*

JUAN 12.35, RVR 1960

Mi marido y yo acostumbramos llevar una linterna
en nuestros paseos nocturnos. Con ella iluminamos
el camino por donde vamos y, además, nos sirve para
advertir de nuestra presencia a los automovilistas. Aunque
la iluminación de la calle ayuda, los árboles en nuestro
vecindario son tan frondosos que impiden el paso de la luz
del sistema público.

El Señor Jesús amonestó a la gente cuando le dijo que
caminaran en su luz mientras Él aun estaba con ellos. En
el proceso de prepararse para enfrentar la cruz, les advirtió
no volver a su anterior forma de vida.

El diablo quiere que la oscuridad nos atrape. Si nos
quedamos en las sombras y no hacemos uso de la Palabra
de Dios para que ilumine nuestro camino, no vamos a
poder ver el pecado asechándonos.

Pero con su dirección, podemos evitar al diablo. Con
su luz, vamos a brillar, haciendo que otros sean conscientes
de la presencia del Todopoderoso. Y sabremos que estamos
en el camino correcto.

Descubra a Dios junto al mar

OBSERVANDO LAS OLAS

Pero pida con fe, no dudando nada; porque el que duda es semejante a la onda del mar, que es arrastrada por el viento y echada de una parte a otra.
SANTIAGO 1.6. RVR 1960

El flujo y reflujo del mar es predecible pero no es fijo. La marea se mueve en la orilla de la playa arriba y abajo. Los que fluctúan en su fe son como las olas que revientan y se retiran tan rápido como pueden. La retirada no tiene el ímpetu de la entrada. Al principio, los que fluctúan parecen confiados pero no tienen la sabiduría suficiente como para confiar en Jesús, especialmente durante los tiempos de pruebas. Se recogen cuando las dudas parecen atacarlos con violencia de mar embravecido.

Cuando le pedimos a Dios sabiduría, estamos demostrando nuestra fidelidad a Él a través de sujetarnos a su voluntad. Podemos confiar que nos concederá lo que le pedimos con sorprendente abundancia. Porque la sabiduría no viene solo por memorizar versículos o asistir a la iglesia sino por una relación reverente con el Dios Altísimo.

Al observar las olas yendo y viniendo en la orilla del mar, podemos confiar en la estabilidad de la sabiduría de Dios. Sea en tiempo de dificultades o de comodidad, todo lo que tenemos que hacer es pedírsela y Él nos la dará.

PERSIGUIENDO CORRELIMOS

Ese amor se manifiesta plenamente entre nosotros
para que en el día del juicio comparezcamos con
toda confianza, porque en este mundo hemos
vivido como vivió Jesús. En el amor no hay temor,
sino que el amor perfecto echa fuera el temor.
1 JUAN 4.17-18, NVI

Me gusta ver los playeros o correlimos cuando corren
bordeando el agua mientras tratan de alimentarse de
almejas que encuentran en la arena húmeda. Las olas que
vienen a morir a la orilla persiguen a estas aves que huyen
de ellas pero que regresan en busca de su alimento cuando
el agua se retira.

Nuestras preocupaciones por el futuro pueden correr
a lo largo de la playa de nuestras mentes, buscando
alimentar nuestras dudas y temores. Pero, al igual que el
poder del oleaje, nuestra confianza en el Señor va a hacer
huir aquellas ansiedades. Nos amamos los unos a los otros
por el gran amor que nos tiene Dios, amor que se instala
en nosotros en el momento que creemos en Cristo.

Gracias a que vivimos el amor de Cristo en nuestra
existencia terrenal, vamos a poder presentarnos al juicio en
la vida venidera con confianza.

De la misma manera como el playero o correlimos le
huye a las olas a lo largo de la playa, nosotros debemos
huirle a las dudas que el enemigo quiere que tengamos.
Con valor y decisión podemos ahuyentar esos miedos con
una oleada de amor los unos por los otros.

NADANDO ENTRE
PELIGROS OCULTOS

*Pues no luchamos contra enemigos de carne y hueso,
sino contra gobernadores malignos y autoridades del mundo
invisible, contra fuerzas poderosas de este mundo tenebroso
y contra espíritus malignos de los lugares celestiales.*

EFESIOS 6.12, NTV

Uno de los recuerdos más vívidamente dolorosos que
tengo de mi juventud es cuando me picó una medusa.
Mientras nadaba en las aguas del golfo de México,
sus tentáculos me golpearon la espalda como látigo.
Numerosos verdugones me quemaban la piel. Y mi mente.
Hasta el día de hoy no he vuelto al golfo de México a
bañarme en agosto, cuando las medusas parecen estar al
acecho de sus víctimas bajo la superficie.

Los demonios de Satanás se ocultan para atacarnos
por sorpresa. Sus dardos de fuego de tentación tratan
de desacreditar nuestro testimonio cristiano. Ya que no
pueden conquistar nuestras almas —que son propiedad del
Señor— tratan de neutralizarnos.

El Señor de los Ejércitos nos provee de una armadura
para protección contra los ataques de Satanás. Nos
cubrimos con la verdad, la justicia, el evangelio, nuestra fe,
la salvación y su Palabra. Y Él enviará a sus ángeles para
guardarnos en todos nuestros caminos.

CORRIENTES ENGAÑOSAS

He aquí, vosotros confiáis en palabras
de mentira, que no aprovechan.
JEREMÍAS 7.8, RVR 1960

Nos gusta nadar en un mar o en un río tranquilo, a
menudo sin pensar en que bajo la superficie puede haber
al acecho el peligro de corrientes traicioneras. Cuando
atacan, lo hacen sin previo aviso. Como una ola, arrastran a
los bañistas con fuerza impetuosa haciendo muchas veces
que todos los esfuerzos por escapar resulten inútiles. Solo
los nadadores expertos saben cómo manejarse en estas
aguas. Debido al peligro que encierran, la mayoría de estos
lugares han sido señalados como peligrosos; por lo tanto,
no aptos para bañarse.

Jeremías advirtió a los habitantes de Jerusalén de la ira
de Dios que habría de venir sobre ellos por su idolatría,
al adorar dioses falsos. Pero ellos no prestaron atención a
las advertencias del profeta, asumiendo que su bienestar
estaba garantizado por la liberación que Dios había hecho
de Jerusalén. Continuaron, por tanto, quebrantando los
mandamientos de Dios.

Palabras engañosas se introducen en nuestra
experiencia de adoración. Sutilmente al principio, pero
luego, sin advertencia, atacan con furia y nos arrastran en
un torbellino hacia lo profundo de enseñanzas falsas. Dios
nos ha dejado en la Biblia palabras de advertencia. Si les
prestamos atención, evitaremos ser arrastrados por estas
corrientes subterráneas y llevados a mareas tumultuosas de
creencias falsas. Él nos libra del mal.

Descubra a Dios en el compañerismo

MEJORES AMIGOS

El Señor esté entre tú y yo, entre tu descendencia
y mi descendencia, para siempre.
1 Samuel 20.42, rvr 1960

El vínculo que nos une con nuestro mejor amigo puede ser tan denso como el cemento fresco y tan sólido como cuando el cemento se seca. Compartimos intereses, creencias y valores. Nos confiamos mutuamente nuestros más íntimos temores y deseos y estamos seguros que nuestros secretos serán tratados como información clasificada y no se usará mal.

La cercanía o la lejanía del uno con el otro no es un problema. Nuestra amistad supera las más grandes distancias y se extiende por generaciones. Los mejores amigos permanecen juntos en tiempos de tribulación. Defienden el honor de cada uno, llevan paz a los corazones rotos y presentan a Dios en oración las necesidades de ambos, grandes o pequeñas. Para protegernos, nuestro mejor amigo está dispuesto a sacrificarse, incluso hasta la muerte.

Nuestro Señor Jesucristo es el modelo del compañerismo perfecto. Con Él podemos compartir nuestros más íntimos secretos sin temor a ser juzgados. Permanece a nuestro lado en tiempo de abundancia o de necesidad. Nos protege del mal, nos calma cuando estamos desesperados, y aboga a favor de nuestras necesidades ante el Padre. Su amor por nosotros va mucho más allá de este mundo: llega hasta la eternidad. Él murió para salvarnos de la ira de Dios provocada por nuestra naturaleza pecaminosa. Él sí que es nuestro mejor amigo para siempre.

MOVIMIENTO DE
LARGA DISTANCIA

Abram tenía setenta y cinco años cuando salió de Harán.
Tomó a su esposa Sarai, a su sobrino Lot, y todas sus
posesiones que había incorporado a los de su casa en Harán.
GÉNESIS 12.4-5, NTV

Emociones encontradas había dentro de nosotros cuando
nuestro pastor dejó la pequeña iglesia donde adorábamos.
Nos perderíamos su excelente enseñanza bíblica pero al
mismo tiempo nos gozábamos por el honor de su llamado
al campo misionero. Lágrimas de pena se mezclaban con
lágrimas de alegría cuando empacó y con su esposa y sus
tres hijos se dirigieron a Brasil.

Abram no tuvo que viajar tan lejos cuando dejó a sus
parientes en la ciudad de Harán. Mientras el destino del
pastor era claro antes de emprender el viaje, Abram solo
sabía qué dirección tomar. Estos dos hombres valientes
respondieron al llamado de Dios sin hacer preguntas.

La misión de nuestro pastor, después nos enteramos,
era terminar con la corrupción en una pequeña localidad
de Brasil. Después de un año de trabajo exitoso y
controlado, el liderazgo local, el pastor y su familia
regresaron, pero no a la iglesia. Otro trabajo misionero lo
llamaba.

De Brasil a Ucrania y más allá, el Señor continúa
bendiciendo a este pastor por su fiel obediencia.

ORANDO LOS UNOS
POR LOS OTROS

*Y esta es la confianza que tenemos en él, que si pedimos
alguna cosa conforme a su voluntad, él nos oye.*
1 JUAN 5.14, RVR 1960

Cuando oramos por amigos o miembros de la familia,
es posible que no seamos conscientes de la conexión que
se establece entre ellos y nosotros. Pero nuestro Padre
celestial la ve mediante su ojo omnisciente. Orar en la
voluntad de Dios implica renunciar a la nuestra. Él puede
transformar una situación de tragedia para unir a los
miembros de una familia. ¿Quiere Él que compartamos
nuestra fe con alguien cercano a esa situación?

En un hospital podemos ser testigos de una sanidad
milagrosa o servir de consuelo a un ser querido en su
tranquila transición al cielo. A veces un padecimiento
físico da origen a una sanidad espiritual.

Cada oración puede transformarnos en vasos de Dios.
Un desconocido que nos ve de rodillas implorando al
Señor puede sentirse movido a interesarse por nuestra fe.

La respuesta del Señor puede ponernos en un camino
que no habíamos pensado transitar. Si miramos atrás,
hacia oraciones anteriores, podremos ver la ruta que Él
ha trazado para nuestras vidas. Abrirnos a su voluntad
revela el cuadro completo. Confiadamente y con corazones
agradecidos podemos aceptar la respuesta de Dios.

KILÓMETROS DE POR MEDIO

Tengo muchos deseos de volver a verte.
2 TIMOTEO 1.4, NTV

Dejé atrás familiares y amigos cuando me mudé a otro estado. Fueron aquellos los cinco años más solitarios de mi vida. Me sentía desconectada del resto del mundo mientras comenzaba un nuevo trabajo en un lugar muy alejado de mi zona de confort.

La voz de mi padre me trajo alegría cuando me llamó por teléfono. Reviví tiempos felices al revisar viejas tarjetas y cartas de mi familia. Mantener estas conexiones a través de la distancia trajo alivio a mi corazón entristecido.

Pablo también debió de haberse sentido muy solo cuando estuvo preso en Roma. Pero sus cartas a Timoteo revelan su esperanza de volver a verlo. En ellas expresó su alegría a pesar de su sombrío entorno en las mazmorras romanas. Aunque deseaba ver a Timoteo, su encarcelamiento impedía cualquiera posibilidad de un reencuentro con su joven discípulo en Cristo. Ahora están juntos en el cielo.

Continuar con nuestras amistades distantes conserva la raíz de pertenencia mutua. Mientras kilómetros y circunstancias persisten en mantenernos separados físicamente, podemos mirar adelante hacia una anhelada reunión, si no aquí, en el cielo con Cristo. Con el hilo de su amor divino, Dios nos tejió un vínculo indestructible que perdura a través de las distancias.

AMIGOS EN LOS
TIEMPOS BUENOS

Los que estaban en paz contigo, prevalecieron contra
ti; los que comían tu pan pusieron lazo delante de ti.
ABDÍAS 7, RVR 1960

Aprender a confiar de nuevo en un amigo después que
nos haya traicionado es un camino largo y complicado.
Las dudas se acumulan en el corazón, arrojando sospechas
sobre las intenciones de los amigos de verdad. Nos
echamos la culpa a nosotros mismos por no haber visto a
tiempo la puñalada que nos daban por la espalda. Nuestra
autoestima se viene abajo como si se fuera por el sumidero
de nuestras mentes. Sobreponerse a esta herida emocional
podría compararse con el acto de tratar de salir de un pozo
de brea de tristeza.

Dios permitió la traición de los edomitas según
el relato de Abdías debido a su arrogante deleite por
la devastación de Jerusalén. Gracias a que tenemos
la salvación del Señor, la falta de confianza que
experimentamos no es un castigo sino que es una prueba
de nuestra capacidad de perdonar.

Jesús perdonó a Judas por haberlo entregado a sus
enemigos. Él nos perdona cuando tropezamos con nuestra
propia deslealtad a su amor. Y está dispuesto a ayudarnos
cuando necesitamos perdonar a otros. La gente puede ser
voluble pero sabemos que el Señor es siempre fiel.

CENA CON AMIGOS

Les diste pan del cielo cuando tenían hambre
y agua de la roca cuando tenían sed.
NEHEMÍAS 9.15, NTV

Las llamadas cenas progresivas evitan la presión sobre
un solo anfitrión y la responsabilidad se distribuye en
manera equitativa entre todos los participantes. Para
incluir a las personas que viven lejos, encargamos a varios
que se ocupen de ellos. Planean el menú como grupo. La
actividad comienza en la primera casa donde se sirven
entremeses; luego los invitados se van a la segunda casa
donde se sirven la ensalada, después a la tercera para el
plato principal y en la cuarta el postre y el café.

Nuestra caravana de casa en casa no deja de parecerse
a los israelitas yendo por el desierto después de su salida
de Egipto. La comida no nos cae del cielo ni las bebidas
fluyen de una roca, pero Dios sigue proveyendo nuestra
comida. Oramos a Dios para darle las gracias, pidiéndole
que bendiga cada grupo o instancia. Para cuando se llega a
los postres y el café se termina con una oración para pedir
que nuestro regreso a casa ocurra sin incidentes.

Comenzamos y terminamos este dulce compañerismo
en la presencia del Señor. Él es el dador de la fiesta.

LA BUENA VAJILLA

Si te mantienes puro, serás un utensilio especial para uso honorable. Tu vida será limpia, y estarás listo para que el Maestro te use en toda buena obra.

2 TIMOTEO 2.21, NTV

La vajilla de todos los días nos sirve bien para las comidas regulares. La vajilla fina la reservamos para las ocasiones superiores. Los invitados especiales y las celebraciones requieren de la mejor vajilla de que dispongamos. Los platos, las ensaladeras, los vasos y las fuentes para las salsas todos partes de un juego, ofrecen un aspecto de elegancia. Las llamas vacilantes de las candelas provocan destellos hermosos al reflejarse en esta vajilla exquisita.

Ya sea que la hayamos heredado de generaciones pasadas o que la hayamos recibido como regalo, a esta vajilla fina la tratamos con especial cuidado. Cuando la lavamos, la manejamos delicadamente para evitar que alguna pieza se rompa.

Para nuestro Señor Jesucristo, nosotros somos como la vajilla fina. Con su amor sacrificial y tratándonos con todo cuidado ha quitado los restos de nuestra naturaleza pecaminosa. Para él, somos más que como vajilla fina, somos vasos de oro puro. Lo honramos con nuestro fiel servicio a los demás. En nuestra obediencia a su Palabra, Él nos usa para sus más altos propósitos.

REÍR A CARCAJADAS

Entonces dijo Sara: Dios me ha hecho reír,
y cualquiera que lo oyere, se reirá conmigo.
GÉNESIS 21.6, RVR 1960

━━━◆◆◆━━━

Sara se rió, posiblemente al dudar cuando Dios le dijo que iba a tener un hijo. Desde nuestro punto de vista, nosotros justificamos su escepticismo. Si no había podido concebir en los años de su juventud, ¿cómo podría quedar encinta en su vejez? Pero nada es imposible para Dios. Un año después del anuncio, ella se echó a reír de alegría cuando dio a luz a su hijo Isaac.

Al crearnos, Dios nos dio la capacidad de reír, de encontrarles a cosas y situaciones —e incluso a nosotros mismos— el sentido del humor. Sea que nos riamos cuando dudamos o cuando escuchamos o vemos algo divertido, necesitamos reír.

Una buena carcajada es medicina para el alma; ilumina nuestro estado de ánimo, libera endorfinas saludables para nuestros cuerpos y expande nuestra alegría. Casi tan contagioso como el virus de la gripe, aun los extraños reirán con nosotros, a menudo sin siquiera darse cuenta cabal del origen de lo divertido.

Cuando compartimos nuestro buen humor con los demás, estamos haciéndoles partícipes del gozo que nuestro Padre celestial nos ha dado.

HOMBROS DONDE APOYARSE

Por último, todos deben ser de un mismo parecer.
Compadézcanse unos de otros. Ámense como
hermanos y hermanas. Sean de buen corazón
y mantengan una actitud humilde.
1 PEDRO 3.8, NTV

Nuestro maravilloso Padre celestial, la fuente de toda
misericordia y gracia, nos ha mostrado cómo responder
a las adversidades de otros. Él nos consuela en nuestras
tribulaciones y nos sostiene en nuestras pruebas
estableciendo el ideal de empatía. Cuando algún ser
querido está angustiado podemos ofrecerle el mismo
apoyo que Dios nos ha mostrado a nosotros.

Si nosotros, a nuestra vez, hemos vivido alguna prueba,
pérdida o dificultad, nuestros corazones comparten su
dolor en un nivel profundo. Podemos sugerir una fórmula
que funcionó con nosotros o dirigir a nuestro ser querido
a un profesional para recibir ayuda. A veces, un consejo
puede ser insuficiente. Lo que ellos necesitan es un oído
comprensivo o un hombro donde llorar. Lo mejor que
podemos hacer es sostener sus manos o llorar con ellos.

El Señor Dios nos ha amado con un amor eterno para
que nosotros podamos ofrecer un hombro donde otros
puedan apoyarse cuando lo necesiten.

LA FORMA DE VESTIR

*En cuanto a las mujeres, quiero que ellas se vistan
decorosamente, con modestia y recato, sin peinados
ostentosos, ni oro, ni perlas ni vestidos costosos.*

1 TIMOTEO 2.9, NVI

———— ••• ————

Pablo se refirió al asunto del vestido de las mujeres
para advertir a las nuevas creyentes sobre vestirse como
las paganas. Las mujeres romanas usaban el pelo en
elaboradas trenzas sujetas con cintas de oro. Era la moda
de aquellos días. Sus llamativas alhajas y ropa espléndida
hablaban fuertemente sobre sus prioridades. La ropa de
los cristianos y su forma de vestir los distinguían de los
paganos.

Esto sigue siendo una preocupación válida el día de
hoy. ¿Cómo nos diferenciamos de los paganos modernos?
Sea en el trabajo, en los deportes, en la iglesia, nuestra
forma de vestir expone y afecta nuestras actitudes. Nos
ponemos ropa oscura o alegre según las circunstancias. La
ropa informal revela una actitud relajada. Cuando usamos
ropa más formal nos podemos sentir algo incómodos.

El Señor mira el corazón y no la ropa que usamos;
sin embargo, lo que vestimos refleja lo que hay en
nuestros corazones. Cuando nos vestimos con modestia,
transmitimos una actitud tierna y serena que es preciosa a
los ojos del Señor. Y eso marca la diferencia.

ESOS PEQUEÑOS GESTOS

Para que la participación de tu fe sea eficaz
en el conocimiento de todo el bien que
está en vosotros por Cristo Jesús.
FILEMÓN 6, RVR 1960

Le alegramos el día a alguien con una sonrisa o una palabra amable. Todos necesitamos que se nos reconozca, especialmente aquellos trabajadores «anónimos» que nos ayudan con nuestras pequeñas preocupaciones. Cuando, por ejemplo, vamos a comprar algo a una tienda, por lo general dependemos de empleados que nos facilitan las cosas. Los meseros en los restaurantes, sean regulares o de comida rápida, nos ayudan trayéndonos a la mesa los alimentos que hemos ordenado.

Aunque muchas de estas pequeñas cosas pueden fastidiarnos, nos ofrecen excelentes oportunidades para compartir nuestra fe. Cuando andamos de prisa es fácil que no prestemos atención a los empleados que nos ayudan, pero cuando les sonreímos, los llamamos por sus nombres y les decimos «Gracias» es como poner un pie en la puerta para hablarles de Jesús.

Nuestra amabilidad expone a Cristo en nosotros. Cederle nuestro lugar en la fila para pagar a alguien que lleva solo unos cuantos artículos, muestra consideración. Habrá quienes sonrían y agradezcan el gesto en tanto que es posible que a otros les sea indiferente. ¡Pero qué alegría sentimos cuando alguien responde con su propia alabanza al Señor! Compartimos sus bendiciones en estos pequeños casos de la vida diaria.

ESTUDIOS BÍBLICOS

Si a sus reuniones llegara alguien que no enseña
la verdad acerca de Cristo, no lo inviten a su
casa ni le den ninguna clase de apoyo.
2 JUAN 10, NTV

Durante el primer siglo después de la resurrección y
ascensión de Jesús, los cristianos no tenían templos. Se
reunían en casas de creyentes donde aprendían de Jesús y
lo adoraban.

Aunque actualmente nos reunimos en templos, vamos
a las casas para estudios adicionales. Un grupo pequeño
puede reunirse en un restaurante. Si el tiempo lo permite,
hay quienes realizan estudios en una mesa de picnic en un
parque público. Queremos aprender todo lo que podamos
sobre la milagrosa Palabra de Dios.

La advertencia del apóstol Juan acerca de los falsos
maestros es tan válida hoy como lo fue en su día. Él temía,
como nosotros hoy, que quienes no reconocen que Cristo
ha venido en carne se deslicen como lobos para robar
la verdad. Al darles la oportunidad de participar en los
estudios se les estará permitiendo que su engaño se filtre
en la enseñanza.

Pero aquí está la buena noticia. Dios está en nuestro
medio. Donde dos o más se reúnen en su nombre, Él está
ahí. Tenemos la Biblia para guiarnos.

REUNIÓN DE CLASE

Estos son los ... que Nabucodonosor rey de Babilonia
había llevado cautivos a Babilonia, y que volvieron
a Jerusalén y a Judá, cada uno a su ciudad.
ESDRAS 2.1, RVR 1960

Mi primera pregunta en mi última reunión de secundaria, fue: «¿Quiénes son estos ancianos?» Algunos de mis compañeros, en realidad habían envejecido bastante bien. Otros, ganado o perdido peso. Unos pocos seguían pareciéndose a la foto de nuestra graduación a la que nuestros anfitriones, inteligentemente, habían agregado nuestros nombres.

Luché con sentimientos de alegría y de temor cuando consideré si asistir o no a aquella reunión. Nos habíamos separado con la idea de seguir estudios superiores o abrazar una carrera. Ahora volvíamos a reunirnos llevando cada uno sus historias de éxito o de una adultez no muy bien aprovechada.

Después de setenta años de cautividad en Babilonia, los israelitas retornaron con una mezcla de gozo y temor. Liberados por el rey Ciro, encontraron solo desolación y ruina; pero reconstruyeron el templo y restablecieron las fiestas consagradas en honor del Dios Altísimo.

Ellos son un hermoso ejemplo a imitar. Nosotros no tenemos templo que reconstruir pero sí podemos restablecer las conexiones cristianas y compartir nuestra fe con nuestros antiguos condiscípulos.

UN BUEN NOMBRE

Ahora pues, no temas, hija mía; yo haré lo que tú digas, pues
toda la gente de mi pueblo sabe que eres mujer virtuosa.
RUT 3.11, RVR 1960

Rut causó una buena impresión a los habitantes de Belén.
Como viuda, habría podido quedarse con sus familiares
en Moab; pero, en lugar de eso, prefirió irse con Noemí,
su suegra y también viuda, a la tierra de esta. Trabajando
duro en los campos de Belén, pronto se hizo de una
excelente reputación. Su intención era conseguir suficiente
alimentación para Noemí y para ella. Pero Dios le permitió
conseguir, en el proceso, también un marido.

Su descendiente, el rey Salomón dijo en Proverbios
que un buen nombre vale más que muchas riquezas. El
ejemplo del noble carácter de Rut continuó a través de la
línea sanguínea de Obed, el hijo que tuvo con su marido
Booz.

¿Cómo queremos ser reconocidos por los demás? La
responsabilidad, la veracidad, y la firmeza de nuestra fe
son todas cualidades codiciables. Queremos que nuestra
reputación traiga honor y honra al nombre de nuestra
familia.

También queremos dar honra a nuestro Padre celestial.
Muchas veces depende de nuestro carácter cómo otros ven
el cristianismo.

Dios está en nuestro nombre, por lo cual somos
conocidos como cristianos.

Descubra a Dios en las relaciones familiares

MATRIMONIO: UNA NUEVA IDENTIDAD

*Por tanto, dejará el hombre a su padre y a su madre,
y se unirá a su mujer, y serán una sola carne.*
GÉNESIS 2.24, RVR 1960

Los votos de boda se sellan con una oración. La luna de miel ha llegado a su fin. Es tiempo de adaptarse a las expectativas del cónyuge. Los cambios se experimentan sutilmente y muchas veces no se perciben de inmediato. Con las nuevas responsabilidades viene un nuevo nivel de madurez. Ciertos asuntos los empezamos a ver de una manera diferente, coordinamos planes para que se adapten a las necesidades de nuestro esposo o esposa y le pedimos su opinión antes de hacer una decisión importante. Hemos asumido una nueva identidad.

También nos convertimos en una nueva persona cuando aceptamos el precioso don de la salvación de parte de nuestro Señor Jesucristo.

Nuestras actitudes cambian respecto de ciertos aspectos de la vida. Ajustamos nuestras agendas para pasar tiempo con el Señor leyendo su Palabra y asistiendo a los servicios de adoración. Las decisiones que antes tomábamos solos ahora las presentamos a Dios en oración buscando su consejo. Aprendemos a depender de Él para nuestras provisiones. Cuando nos casamos, nuestro estado civil cambió de soltero a casado. Cuando aceptamos a nuestro Salvador, nuestra posición cambió de perdido a hallado. Nuestra unión con Cristo es, en realidad, un matrimonio hecho en el cielo.

EN TIEMPOS DE SALUD
O DE ENFERMEDAD

Las muchas aguas no podrán apagar el amor, ni lo
ahogarán los ríos. Si diese el hombre todos los bienes de
su casa por este amor, de cierto lo menospreciarían.
CANTAR DE LOS CANTARES 8.7, RVR 1960

La personalidad de mi esposo cambió en el lapso de
unos pocos meses. Comenzamos a tener las mismas
conversaciones una y otra vez. Más rápidamente que el
ir y venir del péndulo del reloj de mi abuelo, su genio
pasó de feliz a enojado. Sin previo aviso las alucinaciones
empezaron a venir sobre él.

Aparecieron las lagunas en su mente. A medida que
la pérdida de su memoria se hizo más aguda, una ola
de pánico se apoderó de mí. ¿Se trataría de la terrible
enfermedad de «A»? ¿Se olvidaría también de mí?

Un neurólogo logró contener, por un tiempo, mis
miedos. En el torbellino de escáneres cerebrales, estudios
del sueño y electroencefalogramas, el Señor me albergó
con su paz. Océanos de citas médicas, diluvios de
exámenes o el estrés que no nos deja no pudieron ahogar
mi amor por mi esposo.

Cuando estamos inmersos en el papel de cuidar a
nuestro cónyuge enfermo, el Consolador nos lanza un
salvavidas. Al descansar en la fortaleza del Padre podemos
resistir los efectos de la enfermedad de nuestros seres
queridos… en tiempos de salud o de enfermedad.

EL MILAGRO DEL
NACIMIENTO DE UN NIÑO

Cuando oyó Elisabet la salutación de María, la criatura
saltó en su vientre; y Elisabet fue llena del Espíritu Santo.
LUCAS 1.41, RVR 1960

El embarazo conlleva una serie de milagros: las células
masculina y femenina se unen para formar un cigoto.
Incluso la edad de la madre puede significar un milagro.

En este relato de la venida de Cristo destaca el
contraste entre una mujer joven y una mujer anciana,
ambas encinta a través de la gracia de Dios.

María, pura en corazón y cuerpo, fue el medio perfecto
para traer al mundo a nuestro Salvador. Su fe absoluta en
Dios permitió el milagro de la concepción que ocurrió sin
la participación de su esposo.

La edad avanzada de Elisabet significaba una carga
más a su infertilidad. Pero Dios echó abajo todas las
barreras de su vientre vacío para llevar a cabo su plan. Juan,
la voz que habría de clamar en el desierto, tenía que nacer.
Y Zacarías y Elisabet fueron los escogidos debido a su
integridad y adhesión a los mandamientos. Ellos podrían
educar muy bien a Juan.

Dios ordena todas las asombrosas condiciones para
el nacimiento de un niño y puede superar cualquiera
desventaja con incluso muchos milagros extra.

PADRES, PAPITOS Y PAPÁS

Que yo y mi casa serviremos al Señor.
JOSUÉ 24.15, RVR 1960

Como cabeza del hogar, el padre tiene el deber dado por la Escritura de criar a sus hijos en el temor de Dios. Es una representación visual del Todopoderoso sobre su Creación.

Tres de nuestros amigos cumplen diferentes funciones paternales. Uno de ellos, separado de su hijo debido a un divorcio, ha sacrificado sus propios intereses para estar cerca del muchacho. Él es un padre.

Otro se casó con una mujer que tenía dos hijos. Los adoptó. Han tenido tres hijos más, lo que le ha dado la condición de padre adoptivo y padre biológico. Él es un papito.

El tercer amigo también se casó con una mujer con hijos. Los ama como si los hubiera engendrado él aun cuando los derechos paternales le impiden adoptarlos. Él es un papá.

Estos tres amigos tienen una cosa en común: la decisión de servir al Señor en su casa. Les están ofreciendo un modelo piadoso a sus hijos. Entienden la urgencia de enseñar a la nueva generación a alabar al Señor, contarles de su poder y sus obras maravillosas.

El amor de Dios brilla a través de los padres, papitos y papás cuando se proponen servirle.

ARMONÍA FAMILIAR

Hijos, obedeced en el Señor a vuestros
padres, porque esto es justo.
EFESIOS 6.1, NIV

Un amigo nuestro dio a su hija de tres años unas cuantas nalgadas por haberse portado mal. Ella reaccionó, devolviéndole un golpe en el brazo. Él la mandó a su cuarto diciéndole que las niñas no golpean a sus padres. Cuando se le permitió salir de su cuarto, la pequeña le preguntó: «¿Quién le da nalgadas al papá cuando se porta mal?»

Después de darle vueltas en su mente a la pregunta, el papá le dijo: «Dios les da nalgadas a papá y a mamá cuando hacen algo mal».

Afortunadamente, la niña no siguió con otras preguntas y la armonía de la familia se restableció… a lo menos por un tiempo.

Todos venimos a este mundo trayendo rasgos de rebeldía. Nuestro Creador perfecto no nos diseñó de esta manera. La rebeldía la hemos heredado de Adán y Eva, quienes la aprendieron de la serpiente.

La instrucción de Pablo trae un enfoque más profundo. La obediencia a nuestros padres nos enseña a ser obedientes a nuestro Padre celestial. No queremos castigar a nuestros hijos y Dios tampoco se alegra cuando tiene que disciplinarnos. Pero a veces es necesario para preservar la armonía en la familia de Dios.

SEPARACIONES FAMILIARES

Porque quizás para esto se apartó de ti por algún
tiempo, para que le recibieseis para siempre.
FILEMÓN 15, RVR 1960

Los hijos se van de casa para entrar a una universidad
o para asumir un empleo en otra ciudad. El hogar vacío
resiente su ausencia. Para los padres, dejarlos ir requiere de
un gran esfuerzo.

Dentro de las familias se producen otros tipos de
separaciones. Los hermanos se casan o se van a vivir a otro
lugar. Padres e hijos buscan para vivir un lugar con clima
más benigno. El servicio militar separa a los esposos de sus
esposas durante un año.

Nosotros, al igual que el apóstol Pablo, buscamos un
propósito más profundo en la soberanía de Dios cuando
las circunstancias nos alejan de nuestros seres queridos.

Pablo explicó a Filemón la verdadera razón por la que
Onésimo se había escapado. Por encima, parecía un acto
de desobediencia. Pero Dios trajo al esclavo a Pablo para
que oyera de Cristo. Y regresó para servir con un corazón
obediente sabiendo que Filemón lo trataría como un
hermano.

Cuando damos el beso de despedida a un ser querido,
podemos estar seguros que Dios tiene un propósito para su
alejamiento. Puede ser para nuestro crecimiento espiritual
o el de ellos… o de ambos. Solo Él conoce la razón. A
nosotros nos corresponde poner a nuestros seres queridos
en las manos todopoderosas de Dios.

REUNIÓN FAMILIAR

Si tu padre hiciere mención de mí, dirás: Me rogó mucho
que lo dejase ir corriendo a Belén su ciudad, porque
todos los de su familia celebran allá el sacrificio anual.
1 SAMUEL 20.6, RVR 1960

Hasta no hace mucho tiempo, las familias permanecían
por generaciones en un mismo lugar. Esa tendencia
cambió después de la finalización de la Segunda Guerra
Mundial. Los soldados regresaron a casa con el tiempo
suficiente para recoger sus cosas personales y salir en busca
de trabajo o de esposas... o ambos.

Actualmente, muchas familias se reúnen solo cuando
alguien se casa o hay un funeral. Aun cuando podemos
vivir geográficamente cerca, el ajetreo de la vida nos
mantiene alejados. Hemos llegado a estar tan concentrados
en lo inmediato de nuestras vidas que nos hemos olvidado
de la riqueza del gozo que teje y une nuestras relaciones.

David usó el sacrificio anual con su familia como
una excusa para eludir la ira del rey. Hoy en día, algunos
de nosotros preferiríamos enfrentar la ira del rey Saúl a
asistir a una reunión familiar. Le damos más importancia
al temor de abrir viejas heridas que a la posibilidad de
perdonar y ser perdonados. Pero el amor de nuestro
Señor, reflejado en su creación de la familia, nos une a
los unos con los otros. Cuando nos reunimos, podemos
reconectarnos y restablecer el vínculo familiar, de cerca o
de lejos, en bondad y en amor.

TRADICIONES FAMILIARES

*Así que, hermanos, estad firmes, y retened la doctrina que
habéis aprendido, sea por palabra, o por carta nuestra.*
2 TESALONICENSES 2.15, RVR 1960

La palabra «tradición» me trae a la mente la producción
musical «El violinista en el tejado». En esa historia, Teyve,
el padre, trata en vano de aferrarse a las tradiciones que
había abrazado. Quería honrar a Dios a través de pasar
preceptos y costumbres a la siguiente generación. Pero
actitudes progresistas irrumpieron a través de su muro
de protección de la fe en perjuicio de sus impresionables
jóvenes hijas. La forma de vida de su familia colapsó bajo
el peso de los cambios y los programas antisemitas.

Como Teyve en «El violinista en el tejado» a veces
se nos cataloga de anticuados o atrasados cuando nos
adherimos a las tradiciones de nuestra fe. Pero el Señor
espera que nos aferremos fuertemente a ellas de modo que
pueda ser glorificado en nosotros. Él nos ha llamado a ser
su luz en un mundo en tinieblas.

Cuando mantenemos nuestras tradiciones cristianas
como la oración antes de la comida en público estamos
apuntando a nuestro Padre celestial y proclamando que
somos suyos. Él fortalece nuestros corazones en toda
buena obra y palabra.

CUANDO LOS ÁNIMOS
SE CALDEAN

No te apresures en tu espíritu a enojarte;
porque el enojo reposa en el seno de los necios.
ECLESIASTÉS 7.9, RVR 1960

Ofrecer una respuesta suave para contrarrestar la ira es más fácil decirlo que hacerlo. No podemos estar siempre en el séptimo cielo. Como la vida teje sus hilos a través de nuestros días, estamos expuestos a encontrarnos con situaciones que tienden a quitarnos la paz.

Alguien ha dicho que estos problemas nos sacan de nuestro centro. Cuando se dan estos casos, muchas veces nuestra primera reacción tiende a ser una arremetida con expresiones fuertes o simplemente con miradas de impaciencia. Sin embargo, si nos diésemos tiempo para considerar las palabras que nos han dicho antes de reaccionar, podríamos calmar nuestra ira antes que llegue al cielorraso.

Si con nuestras acciones o palabras sin malicia nos proyectamos livianamente ante alguien, podemos hacerle enojar. Por ejemplo, si damos alegremente a alguien el «¡Buenos días!» podríamos conseguir un gruñido o una respuesta muy poco alegre porque no estamos al tanto de las situaciones que está viviendo la otra persona; por eso, ser cuidadoso en el acercamiento y hacerlo con misericordia puede ser el primer paso para evitar una explosión de ira.

Cuando logramos cambiar la ira por el amor, la llama de la irritación se apagará. Nuestro Señor nos ha enseñado cómo hacerlo porque su misericordia es para siempre.

UN CIMIENTO FIRME

Se parece a un hombre que, al construir una casa,
cavó bien hondo y puso el cimiento sobre la roca.
De manera que cuando vino una inundación, el
torrente azotó aquella casa, pero no pudo ni siquiera
hacerla tambalear porque estaba bien construida.
LUCAS 6.48, NVI

Nuestra casa. Construida en los años de 1920, se levanta
sobre pilares de ladrillo. Los constructores cavaron hondo
hasta que dieron con un subsuelo rocoso y allí anclaron
los pilares. Y durante más de ochenta años, esta sencilla
construcción de madera ha soportado lluvias torrenciales y
hasta huracanes.

Tratándose de la familia, ella también necesita un
cimiento firme. Todos los que vienen a Jesús y atienden
a sus palabras y hacen lo que ella dice son como el
constructor sabio. Cavamos profundo pasando por la
tierra movediza de las enseñanzas falsas hasta encontrar
la verdadera Palabra de Dios. Cuando logramos esto,
tenemos la seguridad de que nuestra familia estará anclada
en la Roca Eterna. Así, aunque vengan tormentas con
fuertes vientos y hasta tsunamis, nuestras familias no
recibirán daño alguno pues estarán ancladas sobre una
base que es inamovible.

Al mantener nuestra fe en el Salvador y Señor
Jesucristo, los torrentes y las inundaciones no moverán a
nuestras familias.

Una casa está protegida por un techo.

Un hogar está protegido por el amor de Jesús.

ALIANZA ENTRE HERMANOS

Todo aquel que hace la voluntad de Dios ése es
mi hermano, y mi hermana, y mi madre.
MARCOS 3.35, RVR 1960.

Mi hermano, mi hermana y yo peleábamos como enemigos durante nuestra infancia hasta que alguien se volvía contra alguno de nosotros. Mi hermana me defendió contra los insultos de un compañero de la escuela. Mi hermano se enfrentó a un matón que me quería pegar. Siendo yo la menor de la familia, idolatraba a mis hermanos.

Cuando ya fuimos adolescentes, mi hermana y yo nos peleábamos por controlar el territorio de nuestro dormitorio pero compartíamos la ropa. Nuestro hermano, cinturón negro en karate, cambió su papel de atormentador a protector.

Ahora que somos adultos, compartimos un vínculo que ni la distancia ni el deber pueden romper. No nos vemos muy a menudo pero en tiempos difíciles ahí estamos para ayudarnos mutuamente.

Tan cerca como mis hermanos y yo estamos el uno del otro, la relación entre Cristo y sus creyentes es aun más estrecha.

Cuando hacemos la voluntad de Dios llegamos a ser hermanos y hermanas en Cristo. Pertenecer a su familia transforma la rivalidad de nuestros hermanos aliados. En tiempos de necesidad nos confortamos unos a otros y ante el éxito, nos damos ánimo mutuamente.

La sangre puede ser más espesa que el agua, pero Cristo es más vinculante que la sangre. Somos cristianos aliados, no rivales mundanos.

RESPETO A NUESTROS ANCIANOS

Que los ancianos sea sobrios, serios, prudentes, sanos en la fe,
en el amor, en la paciencia. Las ancianas asimismo
sean reverentes en su porte; no calumniadoras,
no esclavas del vino, maestras del bien.

TITO 2.2-3, RVR 1960

Los abuelos llevan una carga completa de
responsabilidades. Aunque algunos ya se han jubilado,
siguen trabajando en dar un buen ejemplo a los miembros
jóvenes de la familia. Llevan las cicatrices de las batallas
espirituales y emocionales que ahora enfrentamos nosotros
y nos dan su consejo basado en la experiencia. Algunos
siempre tienen a la mano algún remedio casero para el
mal que nos aflige; otros, son expertos en hacer algún
objeto nuevo para la casa o en reparar algo viejo que se ha
dañado.

Buscamos su ayuda y su consejo sabio para asuntos
del corazón y del alma. Ellos han tenido más tiempo para
estudiar la Biblia y pasan más horas sobre sus rodillas.
En la práctica, enseñan a hombres y mujeres jóvenes a
dignificar y a tratar a los demás con respeto.

Cuando no tienen una respuesta para nuestras
preguntas complicadas, nos dirigen al libro de las
soluciones divinas: la Palabra de Dios. Con solo hacer eso,
están demostrando que son sabios y que son dignos de
nuestro respeto.

LAS SUEGRAS

Porque a dondequiera que tú fueres, iré yo,
y dondequiera que vivieres, viviré. Tu pueblo
será mi pueblo, y tu Dios mi Dios.
RUT 1.16, RVR 1960

———◆———

Recientemente, en un noticiero radial se informó de la captura de un tiburón duende en las aguas del golfo de México. Riendo, el locutor dijo que el comentario del pescador había sido: «¡Es más feo que mi suegra!».

Existe una planta cuyas flores de color rojo tienen espinas en su parte superior. Se las conoce como «lenguas de suegra».

Las suegras llevan la peor parte de muchas bromas, pero demos un vistazo a dos suegras que honraron a Dios. Una fue Noemí, que mostró el amor de Dios a sus dos nueras. Después que su esposo y sus dos hijos murieron, ella decidió regresar a su ciudad en Israel. Rut y Orfa, las nueras, le rogaron que las llevara con ella.

Jesús sanó a la suegra de Pedro de una fiebre muy alta y ella de inmediato se levantó y le servía.

Estas dos suegras ejemplifican el amor y el servicio.

En la mayoría de los casos, la suegra quiere lo mejor para su hijo o hija. Lo que nosotros consideramos intromisión, para ella es una forma de ofrecer su ayuda. Antes de criticarla, recordemos que sin ella, nuestra esposa o nuestro esposo no habrían nacido. El Señor le dio un don precioso, el mismo que ahora comparte con nosotros.

ENVEJECER CON GRACIA

Y hasta la vejez yo mismo, y hasta las canas os soportaré yo.
ISAÍAS 46.4, RVR 1960

———◆———

Dios creó a Adán y a Eva como adultos ya maduros. Pero ¿estaría en sus planes que envejecieran? ¿O la vejez ha sido otro de los efectos lamentables del pecado? Los patriarcas envejecieron y la frase: «… y murió…» no aparece sino hasta después de que Adán y Eva hubieron caído en la mentira de la serpiente.

El envejecimiento es inestable. Una alimentación cuidadosa y ejercicio podrían retrasar las señales externas del proceso. La cirugía estética puede encubrirlos por un tiempo. Aceptar el proceso de envejecimiento pareciera más difícil con cada año que cumplimos. Nos sentimos tan fuertes como cuando teníamos veinte años… hasta que tratamos de incorporarnos de golpe de la silla donde estábamos sentados.

Nuevas arrugas y rigidez en las articulaciones nos recuerdan que el Señor nos ha bendecido con una larga vida. Nuestro Creador sigue amándonos cuando nuestro cabello se empieza a caer, se pone gris y termina siendo blanco. Nos sigue considerando preciosos cuando las arrugas se nos instalan en el rostro. Cuando la visión se nos pone borrosa y nuestros oídos ya no oyen bien; cuando empezamos a arrastrar los pies y olvidamos las cosas. Él nos sostendrá y, lo que es más importante, Dios nunca cambia ni envejece.

DE REGRESO AL HOGAR

*Yo te ruego que dejes volver a tu siervo, y que muera en
mi ciudad, junto al sepulcro de mi padre y de mi madre.*
2 SAMUEL 19.37, RVR 1960

Mi esposo Tom y yo visitamos su ciudad natal. Mientras
íbamos por el viejo barrio con su hermana y su cuñado,
Tom se detuvo ante una casa de dos plantas. Él y su
hermana se quedaron mirándola con nostalgia. Salimos
del auto cuando vimos salir a un hombre por la puerta
principal.

Tom se acercó a él y le dijo: «Yo nací en esta casa».

El hombre sonrió amablemente y se ofreció para
llevarnos a recorrerla. «Pero primero», dijo, «¿Quién es
Tommy?» y señaló la huella de una pequeña mano en el
pavimento a la entrada de la casa con ese nombre.

Por supuesto que mi marido no puede volver a ser el
pequeño Tommy que inmortalizó su existencia con aquella
mano y su nombre. Pero lo que sí puede hacer es volver a
visitar aquellos dulces recuerdos de su infancia como parte
de una familia amorosa.

Como hijos del Dios Altísimo, nuestro verdadero
hogar está en el cielo. Pero como el apóstol Pablo nos lo
recuerda, mientras estamos aquí en la tierra, suspiramos
porque queremos vivir en ese hogar celestial.

Descubra a Dios en la enfermedad o en la salud

HOSPITALES

Pero un samaritano, que iba de camino, vino cerca de
él, y viéndole, fue movido a misericordia; y acercándose,
vendó sus heridas, echándoles aceite y vino; y poniéndole
en su cabalgadura, lo llevó al mesón, y cuidó de él.
LUCAS 10.33-34, RVR 1960

La posada a la que aquel hombre de Samaria llevó a
la víctima herida podría considerarse como el primer
hospital; y el samaritano, como el primer paramédico con
su burro por ambulancia; y luego, se convirtió en médico y
en enfermera al ofrecerle al paciente los primeros auxilios.

Hoy día, nuestras facilidades médicas son más
sofisticadas con radiología, cirugía y atención traumática
para nombrar solo algunos de los departamentos de un
hospital moderno.

Ya sea que trabajemos en un hospital, visitemos a
un ser querido internado allí, o estemos ingresados por
nuestras propias dolencias, podremos sentir la presencia
del Señor si la buscamos. Él está con la enfermera que
toma los signos vitales; con las manos del cirujano
mientras opera; consuela a las personas con dolor;
toma la mano de quien está pasando a la eternidad;
sana al paciente, sea devolviéndole la salud física o
perfeccionándolo para ir al cielo.

ESPINAS

Y me ha dicho: Bástate mi gracia;
porque mi poder se perfecciona en la debilidad.
2 Corintios 12.9, RVR 1960

Los dolores y las enfermedades crónicas pueden poner a
prueba nuestra fe en el Señor. Oramos por alivio, pero el
alivio no viene. Nos preguntamos si tenemos fe suficiente;
después de todo, Jesús devolvió la vista al ciego y limpió a
los leprosos. El cojo anduvo y el sordo oyó. Incluso levantó
a Lázaro de entre los muertos. No obstante, nosotros
seguimos sufriendo bajo nuestras condiciones recurrentes.

La mujer con hemorragia experimentó sanidad con
solo tocar el manto de Jesús a pesar que había sufrido de
esa enfermedad durante doce años.

Pablo pidió tres veces ser aliviado de su dolor, y el
Señor le denegó su petición. Para el apóstol, la espina en
su carne era obra de Satanás pero Dios la permitía para
mantener al apóstol humilde. Pablo aceptó con gozo el
dolor que le causaba aquella espina. Eso lo forzaba a dejar
que el Señor lo sostuviera.

Cuando nos encontramos en nuestro punto más débil
y debemos confiar totalmente en el Señor, Él nos da su
fuerza para soportar. La gracia de Dios es suficiente, en
especial en enfermedades crónicas.

RECUPERADO

Amado, yo deseo que tú seas prosperado en todas las cosas, y que tengas salud, así como prospera tu alma.
3 JUAN 2, RVR 1960

Oramos por un ser querido que ha sido seriamente herido o se encuentra gravemente enfermo. Se recupera con lo que comienza un largo camino para su total restablecimiento. Se programa un riguroso plan de terapia.

La rehabilitación adopta muy diversas formas. La terapia física devuelve las fuerzas a brazos y piernas que han estado sin uso por largos periodos. La terapia del habla enseña de nuevo a hablar. El entrenamiento vocacional entrena al paciente en una nueva capacidad si no fue capaz de realizar otros trabajos anteriores.

La necesidad de mantenerse en oración durante este tiempo doloroso y a menudo frustrante continúa. El esfuerzo físico, asociado con el dolor, agota al paciente. La lentitud en el progreso nos desanima.

Pero seguimos orando pidiendo aguante, progreso y fuerzas emocionales. Aun si el proceso no restablece completamente a un ser querido, seguimos dando gracias por cada pequeño paso adelante. Esta es una bendición del Señor para prosperar en las dificultades y en el sufrimiento. Él nos ha dado la oportunidad de crecer hacia la madurez en amor y fortalecer nuestra fe en el Gran Médico.

HUESOS ROTOS

Me dijo entonces: Profetiza sobre estos huesos,
y diles: Huesos secos, oíd palabra del Señor.
EZEQUIEL 37.4, RVR 1960

Una amiga tropezó bajando una escalera con resultado
de fractura de la espinilla. Otro se rompió el antebrazo
jugando golf. Ambos accidentes requirieron radiografías
para determinar el tratamiento apropiado seguido de
una cubierta de yeso y la prohibición de usar el miembro
dañado por una cantidad específica de tiempo.

Estos huesos rotos nos hacen pensar en nuestra
fragilidad. Dios creó a la humanidad para que fuera
perfecta. Pero el pecado entró en el mundo y nos hizo
frágiles y quebradizos; no obstante, Dios puso en acción
el proceso de sanidad desde el principio. Cuando nuestros
huesos dañados se unen correctamente y se protegen, ellos
mismos, en una forma milagrosa, vuelven a soldarse para
quedar como estaban antes del accidente.

De igual modo, en la visión de Ezequiel, los huesos
secos en el valle se unieron. Aunque esta revelación
profética tenía como propósito ilustrar la futura
rehabilitación de Israel, también muestra cómo el Señor
restaura nuestras frágiles vidas. A la voz de su mandato,
los esqueletos en el valle revivieron. Y por la voz de su
mandato, nuestras profundas quebraduras también son
restauradas.

Si honramos al Señor y escuchamos su Palabra
seremos sanados, en cuerpo y espíritu.

ANTEOJOS

*Pido también que les sean iluminados los ojos del corazón
para que sepan a qué esperanza él los ha llamado.*
EFESIOS 1.18, NVI

Los anteojos ópticos fueron diseñados para superar
nuestras deficiencias visuales y poder ver lo que de otra
manera no veríamos. La pérdida de la visión ha sido un
problema de la humanidad casi desde la creación misma.
Ya en el año 700 a. C. los asirios utilizaban cristal pulido
para magnificar objetos. Mil años más tarde, la invención
del vidrio aportó la nueva ayuda para leer. En 1784,
Benjamín Franklin inventó los lentes bifocales.

Aun con anteojos correctivos, el estrés y la fatiga
pueden hacer que veamos cosas que realmente no están
allí. Por el contrario, a veces ojos cansados pasan por alto
cosas y documentos importantes. La frase «ver para creer»
no siempre es verdad.

Creer no siempre tiene que venir a través de la vista.
Jesús dijo a Tomás: «Bienaventurados los que no vieron, y
creyeron». Cuando abrimos los ojos de nuestros corazones,
vemos por la fe. Ninguno de nosotros ha visto al Señor
Jesús cara a cara; sin embargo, ahora que somos una nueva
creación de Él, nos regocijamos en la gloria de su amor.

La Luz de Dios brilla a través de nosotros y nuestros
corazones ven claramente la esperanza de su llamamiento.

LARGA VIDA

Y si anduvieres en mis caminos, guardando mis
estatutos y mis mandamientos, como anduvo
David tu padre, yo alargaré tus días.
1 REYES 3.14, RVR 1960

Un reportero de un periódico local entrevistó a nuestra vecina con ocasión de estar celebrando su cumpleaños número cien. Cuando le preguntó a qué atribuía su longevidad, ella le respondió que leía la Biblia y que oraba a Dios todos los días. En sus incansables esfuerzos por decirles a otros del amor de Cristo, ella fue un notable ejemplo de la fidelidad de una sierva del Señor. A lo largo de su siglo de vida llevó su porción de tragedias, pero las bendiciones de las que fue testigo sobrepasaron largamente aquellas. Para ella lo más importante fue el uso de las nuevas tecnologías para expandir el evangelio de Cristo.

Esta muy dulce y piadosa mujer vivió hasta los ciento cuatro años, pasando quedamente a los brazos del Señor mientras jugueteaba con su mascota amada. Dios había premiado su fidelidad con una vida larga y feliz.

El creyente nunca se cansa de andar por los caminos de Dios. Aun más allá de esta vida mortal, seguiremos regocijándonos en hacer la voluntad de nuestro Padre en el cielo.

Descubra a Dios en las tragedias

CUANDO EL DESASTRE GOLPEA

*Después que hayáis padecido un poco de tiempo,
él mismo os perfeccione, afirme, fortalezca y establezca.*
1 PEDRO 5.10, RVR 1960

Una explosión estremece a un pueblo del oeste. Tornados arrasan con una escuela elemental. Una embarcación se hunde con cientos de pasajeros. Los desastres golpean con la velocidad y el veneno de una serpiente de cascabel, poniendo nuestras vidas patas arriba. Deseamos que el mundo deje de girar a lo menos el tiempo suficiente que nos permita entender la realidad de las tragedias. Pero no lo hace. La vida continúa, y también nosotros.

No podemos volver atrás el reloj o pretender que las pruebas dolorosas nunca ocurrieron. La catástrofe nos cambia. Ahora vivimos con estándares diferentes. Pero Dios no nos ha abandonado. Él está aquí con nosotros mientras recogemos los pedazos, nos ocupamos de los sobrevivientes y sepultamos a los muertos.

Una nueva fuerza emerge desde dentro de nosotros, un don dado por el Espíritu Santo. Con una mano invisible nos apuntala para que avancemos. Oramos pidiendo valor y sabiduría y esperamos las respuestas. Entonces el Señor nos cobija en sus brazos amorosos mientras nosotros buscamos superar nuestra pérdida a través de Él.

PREOCUPACIÓN E INQUIETUD

Refutando argumentos, y toda altivez que se levanta
contra el conocimiento de Dios, y llevando cautivo
todo pensamiento a la obediencia a Cristo.
2 CORINTIOS 10.5, RVR 1960

Esas bandidas, Preocupación y su prima Inquietud, se meten a nuestras mentes por una ventana sin cerrojo para robarnos la alegría.

«Dame tu energía", exige Preocupación. «Entrégame tu tiempo».

Inquietud nos golpea con especulaciones: «¿Qué harías si…?» y nos suelta una lista de lo peor que nos podría pasar.

Lo que ellas quieren es encerrarnos en su calabozo de depresión y ansiedad engañosa. «Queremos toda tu atención» cantan al unísono. «Adóranos».

Nos libramos de su control cuando clamamos al Señor. Nuestro Padre amoroso nos rescata con sus palabras de verdad. Las Escrituras llenas de esperanza que son nuestras armas contra ellas, son lo suficientemente poderosas como para destruir su fortaleza.

Nuestra fe nos da fuerza y valor para decir a estas ladronas de gozo: «Ustedes no son mi dios. No las voy a adorar».

Nos escapamos de las insidias del diablo después de haber estado cautivas por sus servidoras Preocupación e Inquietud. Esos pensamientos de desánimo lanzados contra nosotras en circunstancias angustiosas ya no nos controlan. Ahora los llevamos cautivos a la obediencia de Cristo.

HÉROES

Y estando sentado junto al pozo, siete hijas que tenía el
sacerdote de Madián vinieron a sacar agua para llenar
las pilas y dar de beber a las ovejas de su padre. Mas los
pastores vinieron y las echaron de allí; entonces Moisés
se levantó y las defendió, y dio de beber a sus ovejas.
ÉXODO 2.16-17, RVR 1960

Bomberos, policías y soldados exponen sus vidas
diariamente para rescatarnos, protegernos y defendernos.
Acuden a las llamadas poniendo de lado su propia
seguridad. Estos héroes actúan como nuestros «muros de
protección» contra el enemigo, conocidos o desconocidos
para nosotros.

Otros héroes sin entrenamiento profesional salvan
gente del peligro. Como Moisés, ven la necesidad e
intervienen para ayudar sin que se lo pidan y, a menudo,
sin esperar retribución.

Nosotros tenemos al héroe máximo. Vino al mundo,
obedientemente se humilló hasta la muerte en una cruz
para rescatarnos de la eterna separación de nuestro
Creador, Dios Todopoderoso. Cuando Satanás, nuestro
enemigo trata de arrastrarnos fuera de nuestra agua viva,
Jesús interviene a nuestro favor y da de beber a su rebaño.
Jesucristo, altamente exaltado, dio su vida para rescatarnos,
protegernos y defendernos.

TESOROS ROBADOS

No os hagáis tesoros en la tierra, donde la polilla y el
orín corrompen, y donde ladrones minan y hurtan.
MATEO 6.19, RVR 1960

Mis gatos me salieron a recibir a la entrada de la casa y al ver la puerta entreabierta me di cuenta que algo no estaba bien, así es que llamé a la policía.

Cuando los oficiales llegaron, después de asegurarse que el ladrón ya no estaba dentro de la casa, comenzaron a evaluar la situación. El polvo en el alféizar de las ventanas solo reveló marcas de patas de gato. Los ladrones no habían dejado huellas.

Entre las cosas que faltaban, echamos de menos el joyero con las reliquias de la familia. Antiguas piezas con piedras preciosas que habían pasado de generación en generación, ya no estaban. Los anillos de matrimonio de mis padres que tanta alegría nos habían dado al conservarlos, tampoco. Mis tesoros de toda una vida, ahora en manos de réprobos indiferentes, perdidos para siempre.

En la conmoción tras el robo, el Señor me abrió los ojos. Mis familiares fallecidos en el cielo no se enojarían conmigo por dejar que aquellas joyas cayeran en malas manos. Ellos no querrían que me aferrara a cosas materiales. Las joyas son fugaces y elusivas pero ningún ladrón puede robar mis tesoros celestiales. Nadie puede llevarse la alegría de mi fe. Mi reverencia a Dios, mi tesoro celestial, aquí, para siempre.

ANGUSTIA ABRUMADORA

Él sana a los quebrantados de corazón, y venda sus heridas.
SALMOS 147.3, RVR 1960

Nos sentimos más vulnerables cuando nuestros corazones están rotos. Pero Dios no nos ha abandonado. Cristo sufrió cada situación desgarradora que nosotros pudiéramos experimentar.

Soledad. Jesús pasó cuarenta días solo en el desierto, siendo tentado por el diablo.

Sin casa ni posesiones. Jesús no tenía ni siquiera dónde reclinar su cabeza.

Muerte de un amigo o de un ser querido. Jesús lloró en silencioso dolor antes de traer a Lázaro de vuelta a la vida.

Cuando alguien se vuelve contra nosotros. Jesús lloró amargamente sobre la ciudad de Jerusalén sabiendo que lo rechazarían.

Traición. Judas Iscariote aceptó un soborno para entregar a Jesús a sus enemigos.

Angustia. Jesús se postró sobre su rostro y oró para, si era posible, no tener que beber la copa del sufrimiento.

La muerte de un hijo; nada es más desgarrador. Dios dio a su Hijo para que muriera por nosotros.

Dolor extremo. Jesús soportó la agonía de la crucifixión.

Abandono. Jesús estuvo solo en la cruz. Se sintió desamparado por Dios por haber cargado los pecados del mundo sobre Él.

Dios tomó forma humana, sufrió por nosotros y ahora venda nuestras heridas y sana nuestros corazones quebrantados con su profundo y eterno amor.

MUERTE

Por tanto, como el pecado entró en el mundo por un
hombre, y por el pecado la muerte, así la muerte pasó
a todos los hombres, por cuanto todos pecaron.
ROMANOS 5.12, RVR 1960

La muerte es inevitable, pero no es lo que Dios quería para su creación. Su deseo para nosotros ha sido siempre la vida eterna. Él nos ama y quiere que vivamos para siempre con Él.

Cuando Adán y Eva se rebelaron contra la autoridad de Dios, corrompieron el mundo perfecto que había creado para ellos. La muerte entró al Edén, separando a la humanidad del Padre amoroso. Este profundo abismo, abierto por el pecado, ha venido pasando de generación en generación dando a la muerte un férreo control sobre nosotros.

El diablo pensó que había vencido cuando Jesús murió en la cruz. Pero damos gracias a Dios que nos da la victoria a través de nuestro Señor Jesucristo. Su resurrección arrasó la fortaleza del pecado y la muerte. Gracias a Él ha sido abolido nuestro primer y último enemigo.

Ahora, nuestras muertes son meras separaciones de los vínculos físicos que compartimos con nuestros seres queridos. Sabemos que vamos a estar con Cristo en el cielo por nuestra confianza y fe en Él. ¿Dónde está, oh muerte, tu aguijón? ¿Dónde, oh sepulcro, tu victoria?

LUTO

Bienaventurados los que lloran,
porque ellos recibirán consolación.
MATEO 5.4, RVR 1960

Yo tenía cinco años cuando abuelito falleció
repentinamente. Durante unas semanas después del
funeral, mi hermana y yo nos turnábamos para pasar la
noche con la abuela. Para ella, nuestra compañía en ese
difícil momento fue como un bálsamo en su corazón
herido. La perspectiva de una futura reunión en el
cielo con su marido la ayudó a manejar el dolor por la
separación.

Nadie escapa del luto. Todos hemos perdido o
perderemos a algún ser querido. Sufrir solo hace más
grande la pena. Dios ha puesto en nuestras vidas a amigos
y familiares que nos pueden consolar. Es una bendición
que Él nos da.

Cuando consolamos a un ser querido, las palabras
pueden no ser necesarias. A veces, un abrazo es la única
forma que ayuda. Mostramos el amor de Cristo en
tiempos de aflicción cuando nos sentamos con ellos y
les dejamos expresarse, hablando o llorando o llorando
nosotros con ellos.

Sabemos que Dios enjugará toda lágrima de nuestros
ojos y que no habrá más muerte; que no habrá más duelo
ni llantos de dolor. Él es nuestro Consolador.

NO DARSE POR VENCIDO

*No temáis ni os amedrentéis delante de esta multitud tan
grande, porque no es vuestra la guerra, sino de Dios.*
2 CRÓNICAS 20.15, RVR 1960

Nuestras luchas pueden abrumarnos, no como un simple
monte que tengamos que escalar sino como toda una
montaña tan grande como la Cordillera de los Andes. El
miedo a «¿qué pasaría si…?» se traga nuestra esperanza.
Nos sentimos solos y vulnerables.

Josafat, rey de Judá, se sintió terriblemente desalentado
cuando supo que ejércitos enemigos venían a hacerles
la guerra. Sus ejércitos eran impotentes frente a sus
enemigos. Así es que se volvió al Señor y oró. Su oración
resumía todo lo que el Dios Altísimo había hecho por su
pueblo. Y admitió su desventaja y reconoció que no sabían
qué hacer.

Sus palabras: «Nuestros ojos están puestos en ti» nos
sirven como un poderoso recordatorio de que podemos
buscar ayuda en el Señor cuando aquellas montañas vienen
contra nosotros. Podemos entregar nuestra angustia a Dios
porque la batalla no es nuestra. El Señor nos puede decir,
como lo hizo con Josafat: sal y enfréntalos. Él está con
nosotros. Todo el poder está en las manos de Dios. Aun
ahora, nadie puede ir en contra de Él.

Descubra a Dios en la comunicación

TELÉFONO EN CASA

El oído pone a prueba las palabras que oye igual que la boca distingue los sabores. Así que, juzguemos por nosotros mismos lo que es correcto; aprendamos juntos lo que es bueno.

JOB 34.3-4, NTV

En la Era ATC (antes de los teléfonos celulares) unos amigos nuestros proveyeron a su hija adolescente con una tarjeta telefónica cuando subía al autobús para asistir por una semana larga a una competencia musical. Esperaban recibir noticias que había arribado bien a su destino, pero nada recibieron. Averiguando con otros padres, se informaron que el grupo había llegado bien. La hija no los llamó ni una sola vez en toda la semana.

Cuando regresó a casa, sus padres le pidieron una explicación. Ella les dijo que había preferido no llamar. Ensayos y presentaciones le habían ocupado todo su tiempo. Lo mismo había ocurrido con los demás muchachos y muchachas. Había estado demasiado ocupada.

Esto me hizo recordar las veces que no quise llamar a mi Padre celestial porque estaba demasiado ocupada. Él anhela una relación íntima con sus hijos. Yo debo decidir diariamente participar en esta relación divina. Las distracciones de la vida ofrecen mil y una razones para no pasar tiempo con el Señor. Esta es una lucha de la cual ninguno de nosotros va a estar libre mientras vivamos. Pero sigue siendo una decisión que tenemos que hacer. Y hacerla es lo correcto.

CARTAS

*Pues qué hemos de pedir como conviene, no
lo sabemos, pero el Espíritu mismo intercede
por nosotros con gemidos indecibles.*
ROMANOS 8.26, RVR 1960

———————

Enviamos cartas esperando que lleguen a su destino a tiempo. Solo durante estados de emergencia el Departamento Postal se ha visto obligado a no cumplir su promesa de «ni la nieve, ni la lluvia, ni la oscuridad de la noche» nos va a impedir cumplir con nuestro deber.

A veces, necesitamos que el destinatario nos confirme haber recibido nuestra correspondencia. El rastreo mediante dispositivos especiales hace subir el costo de envío, pero la tranquilidad de que la carta llegó justifica el pago extra.

Si el franqueo es insuficiente o hemos anotado mal la dirección del remitente, la carta o el paquete nos es devuelto. Corregimos el error y volvemos a enviar, todo lo cual demora la entrega.

Nuestras oraciones son cartas especiales dirigidas al Padre celestial. Le enviamos alabanzas, peticiones y expresiones de agradecimiento. No necesitamos dispositivos especiales para estar seguros que Él recibe lo que le enviamos. Nuestras oraciones no nos son devueltas porque no pusimos el franqueo correcto. Jesús ya pagó el franqueo por nosotros. Y la dirección de Dios es siempre la misma: el cielo.

El Espíritu Santo entrega nuestras cartas a Dios aunque haya mal tiempo, hechos desastrosos o fallemos en articular nuestros pensamientos. Aun cuando nuestras oraciones estén desordenadas, Él intercede por nosotros.

NOTICIAS

*Y ellos hablaron a aquel Ángel del Señor que estaba
entre los mirtos, y dijeron: Hemos recorrido la tierra,
y he aquí toda la tierra está reposada y quieta.*
ZACARÍAS 1.11, RVR 1960

«Toda la tierra está reposada y quieta» son palabras que
probablemente nunca vamos a escuchar en los medios
de comunicación. Los conflictos venden. Sin guerras y
rumores de guerra, sin terremotos en diversos lugares, sin
hambrunas y pestilencias no habría mucho que informar.
En su defensa, los medios incluyen algunas buenas
acciones y uno que otro final feliz antes de volver a sus
historias horrendas. Pero no podemos culparlos. Esas
buenas noticias no son rentables pues hablan más sobre el
mundo en que vivimos que de cómo se informa.

La visión de Zacarías aseguraba que el Señor
restauraría a Israel; que sus ciudades volverían a rebosar de
prosperidad. Hoy día, la nación de Israel es el punto focal
de muchas historias noticiosas. Dios todavía tiene cuidado
de los descendientes de Jacob. Podemos ver su mano
moviendo eventos y circunstancias hacia el día cuando
clamen a Él y Él les responderá; y dirá: «Ellos son mi
pueblo» y ellos digan: «Él Señor es mi Dios». ¡Ese va a ser
un gran día en las noticias!

COMUNICACIÓN INSTANTÁNEA

Entonces Ester llamó a Hatac, uno de los eunucos del rey, que
él había puesto al servicio de ella, y lo mandó a Mardoqueo
con orden de saber qué sucedía, y por qué estaba así.
ESTER 4.5, RVR 1960

Tiempo precioso en que Ester y Mardoqueo
intercambiaron mensajes a través de sus siervos. El edicto
para aniquilar a su pueblo ya había sido firmado y sellado.
Solo mediante la soberanía de Dios pudieron exponer
al rey Asuero el complot alevoso de Amán. Asuero no
pudo dejar sin efecto el edicto pero permitió al pueblo
defenderse ellos mismos contra el inminente ataque.

Un Mardoqueo de nuestros días habría enviado a Ester
un mensaje de texto con fotos de él mismo, angustiado,
vistiendo saco y esparciendo ceniza sobre su cabeza. Pero
aquel era el tiempo de Dios. Ambos, Ester y Mardoqueo
necesitaban un periodo de ayuno y oración para demostrar
su dependencia del Señor.

Las invenciones modernas como el telégrafo y
el teléfono han acelerado las cosas. Ahora tenemos
la comunicación instantánea. A través de la Internet
podemos ver o hablar a alguien al otro lado del mundo.
¿Estamos nosotros, en esta área de urgencia, demasiado
apresurados como para ayunar y orar por tres días, como lo
hizo Ester? Podemos alejarnos de la computadora y buscar
el rostro de Dios. Hagámoslo.

FRENTE A NUESTRO PROPIO ESTATUS

Tributen al Señor, familias de los pueblos,
tributen al Señor la gloria y el poder.
1 CRÓNICAS 16.28, NVI

Cuando el rey David traía de vuelta el Arca del Pacto, la buena noticia viajó rapidísimo a través de mensajeros que envió para que alcanzaran incluso a los lugares más alejados. Aun los jinetes más rápidos no podrían competir en velocidad con los dispositivos que tenemos hoy día.

Usando esta tecnología, los medios sociales proveen contacto inmediato con otras personas. Algunos limitan la cantidad de caracteres en cada mensaje lo que nos estimula a comprimir nuestras notas.

Podemos utilizar estos intercambios de la Internet como una herramienta para compartir el evangelio de Jesucristo a nuestros conocidos. Una fotografía de una página específica en nuestras Biblias muestra un breve capítulo. Escriba uno de sus versículos favoritos y publíquelo y observe cómo llega a un amigo y luego a otro. Así, continúa como un hilo que se extiende a través de millones de personas que comparten nuestro comentario. El Espíritu Santo hará que más de una persona le preste atención. El Señor sabe a quién quiere vincular a través de nosotros. Y provee los medios para que difundamos el mensaje de gracia y salvación: un envío a la vez.

TARJETAS Y CARTAS

Me ha sido necesario escribiros exhortándoos
que contendáis ardientemente por la fe que
ha sido una vez dada a los santos.
JUDAS 3, RVR 1960

Escribir y enviar tarjetas de saludo y cartas se ha
convertido en un gusto raro. Dependemos tanto del correo
electrónico y de las tarjetas que ya vienen hechas que
a veces nos olvidamos que hay personas que no tienen
acceso a la Internet. Una tarjeta o una nota personal con
un versículo bíblico pueden tener un gran efecto.

Un preso se siente solo hasta que recibe una tarjeta
con el texto: «Pienso en ti» o una nota diciendo «Estamos
orando por ti». Una tarjeta que diga: «Que recuperes
pronto la salud» dirigida a un vecino enfermo es una
excelente medicina para el alma. Cuando un amigo está
pasando por tiempos difíciles, una tarjeta de condolencia
lo animará y renovará su esperanza.

Notas de agradecimiento a clientes les permitirá
saber que no vemos con indiferencia que nos compren
a nosotros. Escogemos los saludos más adecuados de
cumpleaños y/o aniversario para enviar a nuestros seres
queridos cuando están celebrando tales acontecimientos.

Al enviar consuelo al enfermo, esperanza al
desalentado y expresiones de solidaridad al abatido
estamos proclamando el amor de Cristo. Compartiendo
buenos deseos en cumpleaños y aniversarios, estamos
proclamando la alegría del Señor y dando a conocer
nuestra fe.

CUANDO NUESTRA FE ES SOMETIDA A PRUEBA

Pero fiel es el Señor, que os afirmará y guardará del mal.
2 Tesalonicenses 3.3, rvr 1960

———◆◆◆———

Pablo recibió un mensaje perturbador en el sentido que hombres malvados habían entrado en la iglesia de Tesalónica y estaban pervirtiendo su mensaje. Animó a los creyentes a mantenerse firmes en la verdad y a que rechazaran a los engañadores. Desde los albores de la iglesia cristiana, los incrédulos han atacado nuestra fe.

En los Estados Unidos, las confrontaciones con los cristianos se producen todos los días. Los ateos plantean demandas sin sentido. Los escépticos intentan cambiar las leyes y los cínicos recurren a insultos en sus esfuerzos para silenciarnos. En otros países las vidas de los creyentes fieles corren peligro. Como nuestros hermanos creyentes se mantienen firmes en las promesas de Dios sin ceder en su fe, Dios usa su valentía para traer a otros a la salvación.

Dios nos ha llamado para que transmitamos su amor maravilloso. Su fuerza nos capacita para enfrentar cualquier desafío. El diablo no tiene poder sobre nosotros porque Dios nos cobija bajo sus potentes brazos protectores y nos provee de la más poderosa arma defensa que podríamos usar: su Palabra de verdad.

Descubra a Dios en los muros

DERRIBANDO MURALLAS

Entonces los sacerdotes tocaron las trompetas,
y la gente gritó a voz en cuello, ante lo cual
las murallas de Jericó se derrumbaron.
JOSUÉ 6.20, NVI

«¡Señor Gorbachev, derribe ese muro!».

El 12 de junio de 1987, en un discurso pronunciado en la Puerta de Brandenburgo, cerca del Muro de Berlín, el presidente Reagan lanzó ese desafío al líder de la Unión Soviética, Mikail Gorvachev. El Muro de Berlín, levantado el 13 de agosto de 1961 simbolizaba a un pueblo prisionero en el Bloque Oriental después de la Segunda Guerra Mundial.

El 9 de noviembre de 1989 se abrieron el Muro y las fronteras. Nunca olvidaré las lágrimas de gozo en los ojos de mi padre aquel día. Él luchó para liberar a los oprimidos solo para ver cómo los empujaban más adentro en el fango de la tiranía antiDios.

Cuando tratamos de alcanzar a nuestros seres queridos para Jesucristo nos sentimos como si estuviéramos dándonos de cabezazos contra el Muro de Berlín. Se resisten y no quieren escuchar. No podemos usar la misma estrategia que usó Reagan al confrontar a Gorvachev. Si lo hacemos, quizás logremos que se enfanguen más.

Fijándonos en el ejemplo de Josué, podemos aprender una forma diferente de derribar sus defensas. Él consultó al Señor y siguió sus instrucciones. No necesitamos hacer sonar trompetas. Solo orar y obedecer.

MUROS CONMEMORATIVOS

*No os regocijéis de que los espíritus se os sujetan, sino
regocijaos de que vuestros nombres están escritos en los cielos.*
LUCAS 10.20, RVR 1960

Construimos muros conmemorativos en los que se gravan
los nombres de los soldados que sirvieron en guerras, los
primeros en responder y de las víctimas que sufrieron
violencia o desastres y por los que murieron por su fe
cristiana. Incluso hay muros para recordar a los que aun no
han nacido. Estos gestos de amor honran a aquellos que
hemos perdido.

Esteban, el primer discípulo martirizado por enseñar
de Cristo, le pidió al Señor que no le imputara su pecado
a quienes lo estaban matando. Él recibió más que un muro
conmemorativo. El Señor Jesucristo mismo se levantó para
darle la bienvenida en el Reino de Dios.

En 1956, Jim Elliot, Nate Saint, Pete Fleming, Roger
Youderian y Ed McCully fueron asesinados mientras
intentaban evangelizar tribus indígenas en Ecuador. Ellos
no usaron armas mortales para defenderse porque los
nativos no estaban preparados para morir. Su actitud de
perdón refleja su amor por Cristo.

Cualquiera podría pensar que estos mártires perdieron
la batalla contra el mal, pero sus muertes proclaman
victoria. Sus nombres están escritos en el más maravilloso
muro conmemorativo: en el cielo.

Descubra a Dios en las señales

SEÑALES QUE NOS GUÍAN

Y por la mañana: Hoy habrá tempestad; porque tiene
arreboles el cielo nublado. ¡Hipócritas! Que sabéis distinguir
el aspecto del cielo, ¡mas las señales de los tiempos no podéis!
MATEO 16.3, RVR 1960

Las señales en la carretera nos guían en nuestra ruta.
Nos indican las millas que faltan para salir en el lugar
correcto y seguir hacia nuestro destino. En ocasiones, estas
señalizaciones resultan un poco confusas, especialmente
cuando las carreteras tienen varias alternativas, lo cual
añade un número extra a su nombre. Cuando nos parece
que hemos conducido demasiado y sentimos como
que estamos perdidos, experimentamos un gran alivio
cuando nos encontramos con una señal que nos indica
que estamos bien. Recuperamos la tranquilidad porque
sabemos que no hay extravío.

Cuando los escribas y fariseos demandaron de Jesús
una prueba de que Él era el Mesías, Él les recordó el caso
de Jonás. Una señal del pasado apuntaba hacia el futuro
del mundo. Tanto Jonás como Jesús pasaron tres días en un
lugar oscuro para librarnos del juicio y la condenación.

Jesús ya nos ha dado sus largamente esperadas señales
de los tiempos. La cruz representa su sacrificio. La piedra
removida proclama su victoria sobre la muerte. Y la Biblia
nos da valor cuando nos asalta la duda. Nuestra confianza
regresa; sí, estamos en el camino que lleva al cielo.

VALLAS PUBLICITARIAS

Entonces el Señor me dijo: Escribe mi respuesta
con claridad en tablas, para que un corredor
pueda llevar a otros mi mensaje sin error.
HABACUC 2.2, NTV

Un donante anónimo pagó para que en vallas publicitarias a través de los Estados Unidos, se imprimieran referencias bíblicas, algunas con versículos de la Escritura. Otras, mientras tanto, contenían breves chistes. «No me haga bajar allí… de nuevo» era mi favorito. Estos anuncios proveían cierto alivio humorístico ante los anuncios de moteles, ventas de automóviles y otros productos a lo largo de la carretera. También me recordaban al amoroso Padre celestial que tenemos.

El Señor mandó a Habacuc que escribiera su visión con claridad en tablas para su fácil comprensión (la versión de *The Living Bible*, TLB, dice: «Escribe mi respuesta en una valla publicitaria grande y clara para que todos puedan leerla de una ojeada y corran a contarla a otros». N. del T.). Por el amor de Dios hacia su pueblo, Él les advirtió del castigo que les venía por su infidelidad. La venganza llegaría con furia contra los israelitas por sus prácticas idolátricas.

La profecía de Habacuc que «la tierra será llena del conocimiento de la gloria de Dios, así como las aguas cubren el mar» se cumplirá en el tiempo señalado por Dios. Él utiliza todo medio disponible, incluyendo las vallas publicitarias, para que dirijamos nuestra vista a la Biblia y corramos a decírselo a los demás.

ANUNCIOS DE PROHIBICIONES

Pues si habéis muerto con Cristo en cuanto a los
rudimentos del mundo, ¿por qué, como si vivieseis
en el mundo, os sometéis a preceptos tales como:
No manejes, ni gustes, ni aun toques?
COLOSENSES 2.20-21, RVR 1960

No entrar. Prohibido el paso. Peligro Alto Voltaje son algunos ejemplos de anuncios de prohibiciones con los que nos encontramos en nuestras actividades diarias. Se colocan para nuestra seguridad o para proteger la propiedad de alguien. Cuando no obedecemos estos anuncios, las consecuencias pueden ser tan leves como una advertencia o tan graves como un daño físico.

Los falsos maestros de Colosas tenían anuncios de prohibición que beneficiaron sus propias estratagemas. Promovían enseñanzas heréticas que restringían la adoración de los nuevos creyentes. El apóstol Pablo les recordó que el sacrificio de Cristo los había liberado de prácticas ritualistas.

Esta epístola nos alerta sobre el enemigo que hoy día trata de introducir mitos en nuestras iglesias. Severas restricciones legalistas entorpecen nuestra adoración al Rey de reyes. Porque ponemos nuestra atención en la ley en lugar de en nuestro Señor. El que se desliza como serpiente trata en vano de anular la obra de Jesús en la cruz.

Obedecer las señales de prohibición en nuestras comunidades nos protege. Pero en nuestra adoración, Cristo es suficiente.

Descubra a Dios en la propiedad

RECONSTRUCCIÓN DE UNA IGLESIA

Así ha dicho el Señor de los ejércitos: Meditad sobre vuestros caminos. Subid al monte, y traed madera, y reedificad la casa; y pondré en ella mi voluntad, y seré glorificado, ha dicho el Señor.
HAGEO 1.7-8, RVR 1960

Una iglesia abandonada por falta de dinero o de mano de obra. Las bancas vacías necesitan llenarse de gente hambrienta de la Palabra de Dios. El cuerpo de la iglesia necesita ayuda.

Los israelitas que regresaban de Babilonia estaban entusiasmados ante la perspectiva de reconstruir el templo. Pero las distracciones de la vida enfriaron ese entusiasmo haciendo que los trabajos de renovación se demoraran quince años más. Se dedicaron a atender sus propias obligaciones del día a día en lugar de ocuparse de los intereses del Señor.

Nuestro Padre celestial nos da la oportunidad de revisar nuestras prioridades. Nos pone en situaciones en las que tenemos que escoger entre servirlo a Él o servirnos a nosotros mismos. Hacer esto último produce insatisfacciones. Se ve poco progreso en el trabajo por más esfuerzo que pongamos. Pero cuando lo servimos a Él, aun cuando las ganancias materiales sean pocas, Él nos bendice con gozo.

Meditemos en nuestros caminos, demos cuidadosos pensamientos a nuestras prioridades y busquemos formas de alinearnos con los de Dios, entonces Él nos ayudará a reconstruir el cuerpo de la iglesia.

DEMOLER LO VIEJO:
DAR PASO A LO NUEVO

Tiempo de destruir, y tiempo de edificar.
Eclesiastés 3.3, rvr 1960

Si vivimos en un sector antiguo de la ciudad, veremos casi diariamente cómo se pone una marca en pequeñas casas para ser demolidas. Ya han dejado de ser útiles. Crujen y rechinan porque sus viejos fundamentos ya no resisten el peso de la madera endurecida. Se las demuele y luego se las llevan como escombros. Pronto, allí se levantará una nueva mansión de varios pisos con todas las comodidades modernas que vendrá a reemplazar la vieja casa de dos dormitorios. Y así, poco a poco, el viejo barrio se va transformando.

Cuando veo a los equipos de demolición, pienso en mi propia casa terrenal, este cuerpo físico que tengo alquilado de mi Creador. A medida que se va poniendo viejo, cruje y rechina bajo la tensión de las actividades de cada día. Cuando era joven, no había problemas en manejarlo. Mi espíritu está dispuesto, pero la estructura es débil.

Un día, me liberaré de esta vieja habitación. Y en un abrir y cerrar de ojos, me encontraré viviendo en mi mansión, nueva e inmortal. Ya no habrá crujidos ni gemidos porque me regocijaré en la gloria del Señor.

RENOVACIONES

Luego me mostró otra visión: Vi al Señor de pie al lado de
una pared que se había construido usando una plomada.
Usaba la plomada para ver si aun estaba derecha.
AMÓS 7.7, NTV

━━━◆◆◆━━━

Mi marido, cuando hace de maestro constructor, usa una
plomada para algún trabajo de renovación en nuestra
casa. Cuando quisimos comprar nuestra vieja casa, tenía
múltiples necesidades de restauración. Se revisaron las
paredes, donde se pudo se repararon las partes desalineadas
hasta que quedó en condiciones de adquirirla.

Dios evaluó a la nación de Israel con una plomada.
Los midió contra su ley. En su prosperidad y gran poder,
bajo el reinado de Jeroboam, los israelitas dieron las
espaldas a Dios y se hicieron idólatras. Amós les rogó
desesperadamente que se arrepintieran como la única
manera de detener el juicio que les venía. Pero ellos
mantuvieron su rebeldía.

Nuestra plomada en el día de hoy es la cruz. Jesús dijo
que amáramos a Dios con todo nuestro corazón, alma,
mente y fuerzas. Mediante nuestro amor por Cristo, la
salvación por medio de Él, el estudio de su Palabra y
nuestra fe inquebrantable en Dios podemos mantener la
plomada de nuestras vidas recta y verdadera.

USANDO RECURSOS PODEROSOS

Pero él no sabía que el Señor ya se había apartado de él.
JUECES 16.20, RVR 1960

En lugar de desenchufar y volver a enchufar la aspiradora cuando voy de una habitación a otra en el día de la limpieza, la dejo enchufada a la misma toma. El cable se estira hasta donde puede; la aspiradora se desconecta en medio del trabajo, y me encuentro con el cable en el suelo, lejos de la toma de corriente. Mi herramienta de limpieza no sirve sin la electricidad.

En su arrogancia, Sansón estiró el poder del Espíritu Santo tanto que al fin se desconectó. No pudo depender en sus fuerzas humanas para defenderse contra sus enemigos de modo que lo capturaron. Mientras estaba en la prisión clamó a Dios. El Señor le dio la fuerza suficiente para destruir el templo de los filisteos y su dios falso.

Podemos ser instrumentos útiles de Dios siempre que nos mantengamos enchufados a su grandísimo poder. Cuando estiramos demasiado la conexión que nos mantiene protegidos por Él y nos desconectamos, podemos clamar a Él para que nos reconecte. Él da fuerzas al cansado y al falto de energía, le aumenta su poder.

COMPRAR Y VENDER

*Respondiendo Jesús, les dijo: Dad a César lo
que es de César, y a Dios lo que es de Dios.*
MARCOS 12.17, RVR 1960

El automóvil de un amigo que había sido su medio
de transporte por diez años, finalmente se rindió y fue
declarado irrecuperable. Oramos con el amigo pidiendo
dirección y ayuda. Al siguiente día, a través de otro amigo,
encontró un vehículo en venta rebajada que reunía las
condiciones que él necesitaba a la vez que se ajustaba a sus
posibilidades financieras.

El vendedor ofreció alterar el precio real del vehículo
para pagar menos impuestos de transferencia. Dios había
contestado nuestras oraciones, poniendo a su alcance
un vehículo asequible. ¿Echaría él a perder la bendición
engañando a rentas internas? Dios le proveyó el dinero
para comprar el auto así como los fondos necesarios para
pagar la transferencia y el permiso de circulación. Nos
preguntamos si el vendedor lo estaba tentando. A menudo,
los incrédulos tratan de hacernos caer. O quizás no
entendía los principios éticos del cristiano.

Nuestro amigo rechazó la tentación. Si nos
mantenemos firmes sobre nuestra base espiritual,
podremos evitar ceder a aquello de que «todo el mundo lo
hace». Y, al mismo tiempo, dar un testimonio de pureza
para Cristo.

ÍNDICE DE ESCRITURAS